SHODENSHA SHINSHO

自由な男たち

——その生きづらさは、どこから来るのか

島慶子
中俊之

祥伝社新書

はじめに

小島慶子《こじまけいこ》

あなたは、男に生まれて良かったと思いますか？

男であることは得でもあり、損でもあることでしょう。女であることと同じですね。そう、同じなのです。

ともすれば「男は強者・女は弱者」「男は多数派・女は少数派」「男が普通・女は特別」と考えがちですが、いつも「自分は強者で、多数派で、普通だ」と思って生きるのは、なかなか不自由なことでもあります。だって、別に強くもなく、少数派意識があって、普通に扱ってもらえてない男性もいますからね。なのに、強くてメジャーでノーマルなフリをしなくちゃいけないのは、しんどいことです。

男がしんどいと言うのは、負け犬の証拠と思っている人も多いでしょう。実は私も、弱い夫を見るのは苦手です。私を守ってくれるはずのあなたが、そんなみっともないことでどうするのよ、って思ってしまう。それは私が、「女は弱者・少数派・特別」を信じてきたから。もちろん女性に対する不当な差別はなくすべきです。でも、男は女より強くて当然、と決めつけるのもアンフェアですよね。ずっと男性と同じ待遇で働いてきたのに、私もいまだにどこかでそういう「守ってもらう権利」があると思っているのです。それはアンフェアな態度だと、三年前に夫が仕事を辞めたときに、ようやく気がつきました。それでも、なかなか消えません。

田中俊之《たなかとしゆき》さんと初めてお会いしたのは、『AERA』という雑誌で「男はなぜ性教育に抵抗を感じるのか」というテーマで取材したときです。会話のキャッチボールをするうちに田中さんはこんなことを言いました。

「男の性欲と生殖を切り離しておくことは、企業にとってはとても都合が良かったのだと思う。男が射精以上に生殖に関わると、つまり育児に関わるようになると、企業は二四時間滅私奉公《めっしほうこう》してくれる働き手が確保できなくなる。だから、男の性欲は生殖のためにあるのではない、という言い方をした。性欲は男のファンタジーなのだから、家庭の外で発散するべきだ」と。

この仮説の何がもっとも興味深かったかというと、男性たちは、奔放《ほんぽう》な性という自由を手にしたように思い込んでいるけれど、実はとことん働かせてもいい人材として都合よく利用されているだけなのだ、という見立てでした。

そうか、男神輿《みこし》に乗せられて良い気持ちになっているけれど、ひょっとして彼らは強者じゃないんじゃないか？　という発見が、私の男性に対する視点を変えてくれました。彼らは踊らされていることに、気づいていないんだ。

男が不自由でいる限り、いくら「女性の活躍を」なんて言っても絵に描いた餅《もち》です。「女性も男性並みの不自由を」って言われているのと一緒ですから。そんなの、誰が進んでやるものですか。共働きでないと子どもを大学まで出すことも難しくなったこの時代に、夫婦揃《そろ》って「滅私奉公の不自由な仕事人生」なんかやっていたら、暮らしていけません。

だから、男も女も自由になっていいと、もう言わなきゃいけないのです。それは弱音を吐くことでも男を降りることでもなくて、「私たちには人間らしく生きる権利がある」「どんな生き方も選べる社会が、一番豊かな社会だ」という、ごく当たり前のことを言うってことです。冷静になって考えてみましょう。会社に全人生を預けて、定年後に抜け殻のようになって生きるよりも、会社以外にもいくらでも人生のステージがあるほうが、はるかに逞《たくま》しいことではないですか。

これは闇雲《やみくも》に男性を否定する書でも、イクメン礼賛《らいさん》バイブルでもありません。いま、男性に必要なのは「あなたは、苦しんでいい」「不自由だと言っていい」という、ゆるしであり、女性に必要なのは「彼と私のしんどさは同じだ」「彼と私は、実は同じ異議申し立てをする仲間なんだ」という気づきです。

「働いて、家族と生きる」というごく当たり前のことがこんなにしんどい世の中は間違っています。男と女で責任をなすり合うのではなく、一緒に声を上げて言うべきときが来たのです。「こんなの、もうまっぴらだ！」って。

通勤途中でこの本を読み終えたあなたの目に、黙って痛みに耐えている満員電車の風景が、いつもと違って見えるといいな。そして静まり返ったすし詰めの車内のあちこちから「なあ、俺たちこんなに頑張ってんのに、こんなのっておかしくねえか？」って誰とはなしに言い始めたら、きっと世の中は変わると思います。それは、舌打ちして隣の人を睨《にら》みつけるよりも、ずっと建設的な怒りだと思うのです。

目次

はじめに（小島慶子）　3

第1章　その呪縛は、どこから来ているのか

男たちの「四十熱」　14
「男性を立てるとうまくいく」が七割　19
低い摩擦係数で生きる男たち　22
定年を迎えて考える「俺って何？」　25
高度経済成長が役割分担を決定づけた　27
定年後に解放されるのか？　31
仕事を辞められない男たち　36
男が男にかける「呪い」　38

第2章　男に乗せられた母からの呪い

男はみんなマザコンか？　46
「僕は大丈夫」という〝ママシールド〟　51
誰が男を大人にするのか？　56
男が運ぶ母の呪い　61
ゆるやかな「母殺し、妻殺し」のために語り出す　64
「昭和の母」をモデルにするな　70
新しい物語を始める　77

第3章　男と女、恋愛とモテ

「草食男子」への曲解　86
口説くのは中毒と強迫意識　89
衰えるのは一種の解放　93

恋愛中毒の時代　97
男の「実存」がゆらいだときＤＶが起こる　99
話を聞かない男たち　103
男の「強さ」とは何？　107
やむにやまれぬ渇きのようなものが必要である　110
イクメンバブルとモテ　113
保育園というモテの場　118
モテ、イコール、セックスではない　123

第４章　育児をするということ

「母殺し」のためにも育休を　128
育児を知れば社会が変わる　131
育児休暇はプチ定年　133
「イクメン礼賛」では変わらない　136

マスコミが植え付ける性別役割分担　140
育休どころか、子連れＯＫ国会　143

第５章　新しい働き方

正規、非正規という分け方　150
新しい会社の制度が生まれている　156
霞が関から変わる働き方　159
変えられるのは「団塊ジュニア」と「バブル世代」？　163
大黒柱マザーになって　167
男たちは砂漠の一本道を行く　172
専業主婦に憧れる!?　174
価値が多様化する低成長時代　180
英語、算数、手に職があればいい　183
家庭内労働制　187

ハウスハズバンド　191
オーストラリア版人生ゲーム　194
子どもに「呪い」をかけない　197

第６章　不自由から解放されるために

自分との折り合いをつける　202
五十歳からのサーフィンはあり!?　206
「ロナウドにはなれない」と知る　209
比較地獄から逃げてみる　213
ホームエコノミクスという学び　217
選ぶということ　219
「他者と生きる」ことを問い直す　222
弱みを出せる場をつくる　226
パートナーでいる意味を考える　231

フレームを壊したあとにつくり直す 234
当事者としていられる場を つくる 238
学び直せる場としての大学 242
不自由から解き放たれるとき 249

おわりに（田中俊之） 255

編集協力……本郷明美
図表作成……篠　宏行

第1章

その呪縛は、どこから来ているのか

男たちの「四十熱」

小島　まわりの男性を見ていると、四十歳を前にして、突然書いたこともない小説を書き始めたり、撮《と》ったこともない写真を撮り出す人が続出しているんです。思うに、男の人には「何者かにならなければならない」「何かを成し遂《と》げねばならない」という強迫意識のようなものがあるのではないでしょうか。もちろん女性にも「自分はこうしたい」という希望はあるのですが、それは「強迫」とは違いますよね。

田中　その問題は大きいですよね。その強迫意識は、おそらく社会が男性に寄せる期待から来ているのだと思います。現代の日本で男性に求められる、「こうあらねばならない」の最低ラインは、「正社員で、フルタイムで働く」ことでしょう。社会全般の男性に対しての視線は、無職であることには大変厳しいですし、非正規雇用であることにも厳しい。フルタイムの正社員というのが、最低限になるのです。

ただ難しいのは、それはあくまで「社会の期待」に最低限のレベル、応《こた》えることであって、男性の中で「特別な存在になる」という思いはずっとくすぶっているんです。ランドセル素材メーカーのクラレが毎年行なっている調査では、新小学校一年生が将来なりたい職業の二〇一六年一位が男の子はスポーツ選手、女の子はパン・お菓子屋さんです。一九九九年に調査が始まって以来、男の子も女の子も一位は同じです。ここには、「夢」を聞かれたとき男の子は大きいことを言わないと許されない、という問題があるのではないかと僕は考えています。それが強迫意識につながるのではないかと。

小島　なるほどね。田中さんも、そういった「くすぶるもの」はありますか？

田中　いや、僕はそういうタイプじゃないのですが、その気持ちはわかるなと思います。ふと「何者かにならなければ」という気持ちが再燃する。ただし、当然、四十歳にもなれば、スポーツ選手は無理です。僕だけではなく、多くの会社員の方たちも同じ気持ちなのではないかと思いますが、基本的には組織に縛《しば》られて、その枠の中でこれからも生きていくしかない。だから小島さんが挙げた「小説」「写真」というのは、おもしろいと思いました。四十歳からでも取り返せる可能性がありますからね。

小島　よくわかります。それで男たちは、四十歳を前に様子がおかしくなるんですね。私はそれを「四十熱」と勝手に呼んでいるんですが、女から見れば「いい加減身の丈で生きてくれ」と言いたくなります。男の人は、四十代を大人だと思っているのかしら。

田中　大人というか、そこまでに何かを成し遂げていないとまずい年齢だと思っているでしょうね。その後、五十代、六十代になると、もはや人生に爪痕《つめあと》を残せない。

小島　もう、最後のチャンスだと思うんでしょうか。

田中　日本ではあまり言いませんが、「中年の危機」ですよね。要するに自分の人生が半ばまで来て、このままで行っちゃうのかなと。僕もそれは最近感じます。体力などが……。

小島　落ちていくんですよね。

田中　そう。人生って、それまで上り坂だったのに、下っていくフェーズがあるんだということに気づくわけです。僕自身、そんなに思っていなかったことです。けれど露骨《ろこつ》に体力が衰え、記憶力も衰え、「ほら、あれ」とか「何だっけ」ということが増えてくる。そこで、「大変だ、まだ何も成し遂げていないのに衰えていっている」と愕然《がくぜん》とするんです。

小島　女の人は毎日鏡を見て、下っていくことに徐々に気づくんですよね。私はだいたい三三歳くらいから、「こんなところに消えない皺《しわ》が！」とか「白髪《しらが》は増えるものだ」とか言いながら、受け入れ始めました。男性はそこまで見た目を気にしないので、ある日突然ガクッとなりがちなのかもしれませんね。

田中　それはおっしゃるとおりだと思います。僕自身も、最近になってようやく気づきました。ガクッと来た気がするだけで、本当は徐々に来ていたはずなんです。

小島　知らぬ間《ま》にね。男性は、見た目から気づきにくいということはありますよね。思うんですが、男の人は三十代でもまだ社会的には一人前と思ってもらえず、四十歳からやっとという感じでしょう？　女の人はどちらかというと、二十代が終わった時点でチヤホヤされなくなり、三十代で大人にならざるを得ないという感覚なんです。

だから男の人はわりと、女の人より「精神的に歳を取る」のが遅いという面はありませんか。三十代はまだまだ若者気分で、でも体はどんどん中年になりつつあって。その、「体」と「気の持ちよう」のギャップが、もしかしたら女の人より大きいのではないですか。

田中　ええ、たしかにそうです。ですから、女の人は「若くあれ、美しくあれ」というプレッシャーをかけられていることで、ギャップは少なくて済む。もちろんそのこと自体に女性に若さと美を強要するという問題はありますが、「自分の見た目に敏感であれ」というプレッシャーに一定のメリットもあるのかもしれないですね。

小島　客観視せざるを得ないという。

田中　そうせざるを得ないところがあると思いますね。

小島　だから、男性より女性のほうが、体と心の折り合いをつけようともがき始める時期も早く、もがいている時期も長いのかもしれないですね。

田中　逆に言えば、女の人は二十代くらいまでは、下駄をはかせてもらっている。若い、かわいいというところで嵩《かさ》を増せる感があるけれど、三十歳くらいで梯子《はしご》を外《はず》されるから、自分の身の丈を考えざるを得ないともいえますね。男性も、そういうふうに誰かがもう少し早めに梯子を外してあげなければいけないのかもしれません。男性は幼い頃から大志を抱けと煽《あお》られて、身の丈以上に振る舞うことを期待されます。四十歳になると急に「俺の人生ってこの程度のものなの？」と気がついてしまう。だから、「えっ」というギャップが大きいわけです。

「男性を立てるとうまくいく」が七割

小島　家庭でいえば、もちろんカップルにもよるでしょうけれど、「男の人は子どもみたいに扱ってあげるのが正しい」と思っている女性がかなりいるでしょう。女の人は、子どもがいようがいまいが、男の人のケアをしたり、励ましたりすることを期待される部分があります。

大人にならざるを得ないわけです。対して男の人は、結婚したからといって、自分の横にサイドカーが付いたようなものですよね。「僕は僕で行きますので、ついてきてください」という感じでしょう。馬力は上げなければいけないかもしれないけれど、基本は変えなくていい。彼らの理想の妻は相変わらず、岩崎宏美《いわさきひろみ》さんの『聖母《マドンナ》たちのララバイ』の世界。企業戦士を介抱して、浮気したって許すわ、さあママに甘えて！　っていう。

田中　それについては、二年前、東大の本田由紀《ほんだゆき》先生と一緒に実施した調査がみごとにあてはまります。「女性が男性を立てると物事がうまく運ぶことが多い」という質問に、「とてもそう思う」「まあそう思う」「あまりそう思わない」「まったくそう思わない」という四択で答えてもらいました。やはり男性、女性ともに七割が肯定的でした〈図1〉。このデータで言えば、男性よりも女性のほうがより肯定している点に注目したいところです。一部の男性は、女性に立ててもらっていることにさえ気づいていないのかもしれません。

小島　七割が立てたほうがいい、という。

田中　立てたら物事がスムーズにいく、と考えるんです。小島さんの話でいえば、家事についても結局夫を立てておけば機嫌よくやってくれるし、平穏ですからね。けれどそうしていると、女性はサイドカーであり、メインである男性は何も変わらなくても済んでしまう。

女性が男性を立てる文化では、たしかに小島さんがおっしゃるように「大人になれない」。

〈図1〉女性が男性を立てると物事がうまく運ぶことが多い

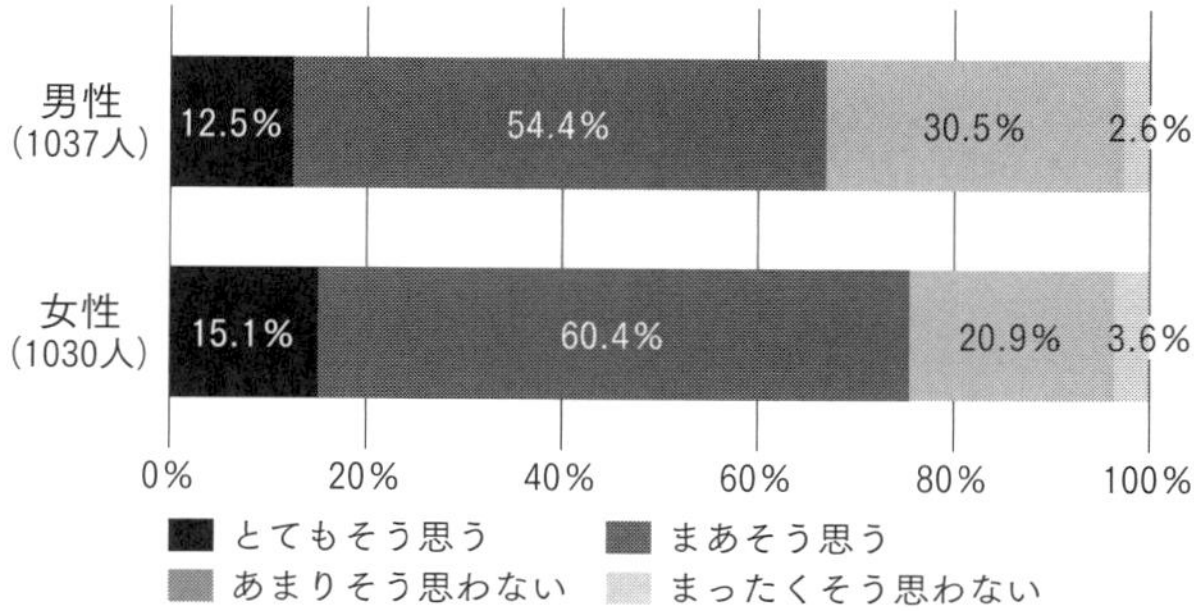

〈図2〉家族を養い守るのは男の責任だ

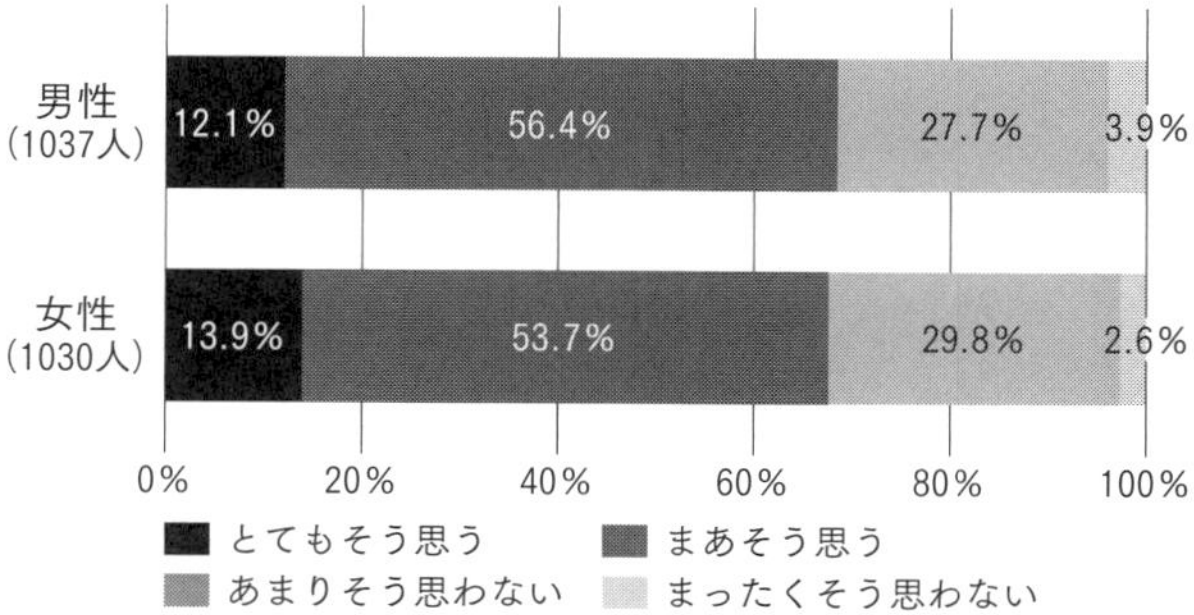

※調査はプラチナ構想ネットワーク「女性の活躍ワーキンググループ」(主査：東京大学 本田由紀教授)の事業の一環として実施された。同ワーキンググループに、筆者(田中俊之)はアドバイザーとして参加した。

■調査票タイトル　「女性の活躍」に関するアンケート
■調査方法　インターネットリサーチ
■実施機関　株式会社マクロミル
■実施期間　2014年05月13日(火)～2014年05月15日(木)

男性は自分を「変えなくても済んでしまう」というのは、そのとおりだと思います。

小島　男性が変わらないでいいようにできている、男性優位社会なんですよね。一方で私たち女は更新に更新を重ねる。でもそれは、大人になれるチャンスを得ているということでもあります。

低い摩擦係数で生きる男たち

小島　私は女子校育ちで、当たり前ですが、生徒は女子しかいません。すると何かものを言うときに、これは女ならではの特殊な感覚かも？　とか、女性は少数派だから受け入れられにくいかも？　と疑うことは一度もないわけです。意見の違いはあっても、「女だから」というバイアスがかかるわけではありません。就職してしばらくして「女が言っている」というだけでバイアスをかける人がいるんだということに気づきました。大学は共学でしたが気づかず、社会人になってもしばらく気づかなかったんですね。それをずっと共学で育った人に聞いたら、「それはそうでしょう」とあっさり言われてしまった。「男子の縄張り」というものがあると初めて知ったのです。「話がおもしろい」「盛り上げる」「リーダーシップ」はいちおう男子の領域とされていて、共学では男子の場として提供される。けれど女子校では女子しかいないので、女子の中でこの三領域の役目を果たす人が出てくるんですね。私はたまたまこの三領域に属していて、大学に行くと男の領域を侵《おか》していたんです。おもしろい話をしている男子がいるので、自分もなんならもっとおもしろい話をしようと仲間に入るのですが、それは要《い》らないんです。その男子にとったら、女子は手を叩《たた》いてウケてくれていればいい。

辛酸《しんさん》なめ子《こ》さんが『女子校育ち』（筑摩書房）という本を出したとき対談しまして、私はそのバイアスに三十何歳まで気づかず、本当に損をしたと思いました。私はずっとその不文律を読めなかったんです。社会人になっても、自分が何かものを言ったとき、アイデアがいいか悪いかで却下されるのではなく、私が言ったということで却下される理由がずっとわからなかった。はじめは「小島慶子」だからだろうと思ったわけです。

田中　自分のせいだと受け止めてしまったわけですね。漠然としたモヤモヤを抱えている人は、男女問わず、もしかしたら悩みや葛藤《かっとう》の原因が、自分の性別のせいかもしれないと考えてみるといいかもしれません。

小島　そう、私のせいだ、どうして自分はこんななんだろうと悩んだんです。次第にこれは属性の問題だったと気がついた。ものを言えば無条件に聞いてもらえるのは男、ものを言ったとき理由がないと聞いてもらえないのが女。それがデフォルトになっている人がいっぱいいる、と気づくのが非常に遅かったんです。男の人は話を聞いてもらって当たり前だと思っている。女は自分の意見を聞いてもらうための「正当な理由」を考え続ける苦しみをずっと味わうわけです。

いまの時代はだいぶ変わってきましたが、一九九五年ぐらいですと、女があえて寿《ことぶき》退社をせず働き続けるためには素敵な理由がなければいけない。男の領域である正社員として定年まで働ける立場に女がわざわざ入っていくのだから、「入れてやれよ」と思われるだけの素敵な理由を用意せねば、という強迫観念にさいなまれていたんです。こういう苦労を男性はほとんど経験しないで済むのだと思うと、何と摩擦係数の低い人生だろうと思います。けれど、それはつまり自分を発見できない人生であるのです。摩擦が生じないからこそ。

田中　いま、問題がすごくはっきりしたと思います。「摩擦がない」ことの問題ですよね。僕が調査をしていると、自分を見つめ直す分岐点が定年退職まで男性の場合は来ないことが多い。「自分を発見できない人生」を歩むのは、とても怖いことだと思います。

定年を迎えて考える「俺って何?」

小島　男の人は、定年を迎えたときに、初めて「俺って何?」と思うんですか。

田中　そうですね。僕は定年退職した方にインタビューしたのですが、彼らが抱えている特徴的な感情の一つは「喪失感」です。仕事という大きなものを失ってしまった、という。もう一つは「虚無感」。一日一〇時間、週五日、会社に四〇年も取られていたのですから、いまさら何もすることがない、自分が何なのかもよくわからないというんです。つまり、現役時代は、「〇〇社の何とかさん」ですべて済んでいるような気がしてしまうんですね。
だから友だちもいらない、趣味もなくていい。現にほぼ毎日会社に行って働く時間しかないから、それで問題がないような気がする。いざ定年になって会社から離れてしまえば、友だちもいない、趣味もない、どうやって生きていけばいいんだとなるわけです。

小島 それで蕎麦《そば》を打ったりしちゃうんですね。よく考えると、女の人の雑誌には「仕事と私」とか、「『働く』を哲学する」とか、いわば元から分離しているものをどう調和させよう、どうとらえようという特集がよくありますよね。

田中 はい、多いですよね。

小島 男性誌では見たことがない気がするんです。「俺と仕事」とか、「働く俺」というような記事、あったほうがいいんじゃないでしょうか。

田中 おっしゃるとおりです。いま小島さんが言ったようなことが、男性の生き方の一番の問題点だと僕は思っています。学校を卒業した後にどうするか、と考えたとき、正社員、フルタイムで働くということはデフォルトなのでほぼもう決まっている。疑いようがないんです。だから、そこに支障がない範囲で何をするかと考えれば、育児休暇を取るなんてとんでもない、時短勤務もダメ、家事も介護も女の人に任せて、というふうにすべて組み立ててしまう。そこは変えられないように思っているし、変える必要もないと思い、定年まで行ってしまうんですね。

摩擦もなく、スーッと行って、定年になって初めて「俺って何？」と考えるんです。子どもを育てたり、親の介護をしたり、本来なら人生の中で働き方に起伏《きふく》がないというのは、非常におかしなことです。けれどそれをすべて妻に任せることで、男は自分については何も変えずに、定年を迎えてしまう人が大半なんですね。

高度経済成長が役割分担を決定づけた

小島　男性は「正社員、フルタイム」でなきゃダメという意識は、たしかに刷《す》り込まれているなと思います。

田中　ただ、そんなに昔からある刷り込みではありません。人が雇われて働くようになったのは、高度経済成長期以降のことなので、農業や漁業で生計を立てているころにはなかった発想のはずです。

小島　これは私の母方の祖父母の話なのですが、軍人だった祖父が他人の借金の肩代わりをしたのがもとで、ろくに稼ぎがなくなってしまったそうなのです。代わりに祖母が、女学校の社会の教師として働き家族を支えました。私の母は、「おじいちゃんがダメな人だったから、おばあちゃんは職業婦人と陰口を言われながら働いたのよ」と話していました。

女学校の社会の先生は大変立派な職業だと思うのですが、母は「職業婦人て言われてね」と暗い顔で語るんです。世田谷《せたがや》なのにうちは貧乏だったと。そういう母の体験談によって、「女を働きに出す男はダメ男」と刷り込まれたな、という思いはあります。母もそう信じていたのでしょう。

田中　高度経済成長期以前にも勤め人がいて、専業主婦がいました。ただかなり限られたお金持ちの話であり、女の人が働かないで済むというのはステータスだったのですね。その後、昭和になり、戦後の高度経済成長期に多くの男の人が働き、女の人が家で家事をするという性別役割分業ができあがった。「男は仕事、女は家庭の分業でいくよ」というかたちが、経済成長にとって都合がよかったんですね。しかも「女の人が働かないで済む」という庶民の憧《あこが》れが実現し、男性の給料も上がっていくので経済的にも不満はない。

小島　お金持ちごっこをしたわけね。

田中　そうですね、男は「妻が働かなくて済む稼ぎがある俺」と思えるし、女も「働かなくて済む私」と満足できるわけです。

小島　みんなで背伸びしていた。

田中　ええ、それに給料の格差が小さくなった時代でもあるんです。中小企業と大企業の二重構造というような問題が一番解消されたのは高度経済成長期なんです。中小企業で働いていても、一定程度の給料がもらえますし、大企業と給料の水準にそれほど差はなかったようです。農業や漁業、あるいは自営業に比べたら安定も望めますし、長期的な生活の展望を描けるところが、一般の人々にとってサラリーマンの魅力でした。

いまの雇用をめぐる状況は高度経済成長期とはまったく違うのに、「男は仕事、女は家庭」という部分は残ってしまっているわけです。ちなみに、前述の調査の「家族を養い守るのは男の責任だ」という質問に、男性女性ともに七割近くが肯定的でした〈図2、21ページ〉。

小島　習慣として、ですね。田中さんは、小さいときに、大学を卒業してサラリーマンとして働くんだと思っていましたか？

田中　僕は真逆で、子どものころからそう思えないからどうしようかと思っていました。大学生になり、「あと四、五年経《た》ったら『行ってきます』と毎朝スーツを着て会社に通い、次に解放されるのが四〇年後か」と思い描いたとき、「これは大変だ」と思ったのです。

小島　たいていの人はそういうものだと思って、やっていく。

田中　僕は結果的に研究者になったわけですが、社会学の視点から、どうして多くの男性は、フルタイムで四〇年間働き続けるのが当たり前という常識を、自然に受け入れられるのかを明らかにしたいと考えています。大学を卒業してフリーターをしていると、「あいつはブラブラしている」と後ろ指をさされるでしょう。そんな酷《ひど》いことを言われてしまって当然という社会の仕組みって、いったいなんだろうと思ったわけです。

大学に入学して最初の社会学の授業で、「社会学は常識を疑う学問だよ」と教わっていたので、だったらこの疑問を研究してみたいと考えるようになりました。「みんなが当たり前だと思っていることを、なんで当たり前と思っているか」を研究するのが社会学なんです。

定年後に解放されるのか？

小島 お父様は勤め人でしたか？

田中 サラリーマンですね。

小島 お父様がそうやって働いているのは見てきたけれど、自分はいやだなと？

田中 やだな、という感じですね。

小島 ご両親は、「ちゃんとした企業に入りなさい」というようなことはおっしゃらなかった？

田中　うちの両親は高卒なので、大学以降のことはわからないから、自分でお金を出すなら好きにしなさいという感じでした。

小島　いま、高校三年生のころを思い出していたんです。当時仲のよかった友だちの家の別荘が熱海《あたみ》にあって、遊びに行ったときのことです。朝から夕方まで海岸の堤防に座って、「私たちは何にでもなれる」という夢を語り続けて一日過ごしたのを覚えています。これからの女性はどう生きてもいいと言われていたから、自分には無数の選択肢が与えられていると無邪気に信じていたし、「まだ何者でもない私は、この先何にでもなれる」という万能感でいっぱいでした。

おそらく多くの同世代の男の子は田中さんのように、そのころにはもう自分の将来の姿を見ていたんですよね。「大学を卒業して就職し、毎朝殺人ラッシュに揉《も》まれ、週末はゴルフに行って、夜はお付き合いで飲んで、終電で帰ってくる」という。「四〇年拘束される自分」を一八歳の私が想像していたら、絶望して病気になったかもしれません。

田中　僕の場合は、たまたま運よく別の道を見つけられましたが、男性にこの道しかないと思い込ませる仕組みが存在しているわけです。

小島　男の人は、むしろそういう道なんだよとしか言われないから、不自由だと感じないのでしょうね。結局彼らに与えられたのは、たった一枚の未来予想図なんです。みんなで同じ絵を小さいときから見て、その絵に描いてあったとおりの人生を歩む。私は四二歳になって思いがけず片働きとなり、家族を養う男性と同じ働き方をしてみて、「これは不自由だなあ」とやっと気がついた。

田中　定年になったからといって、その「不自由さ」から解放されるのかという問題があります。先ほども言ったように、四〇年間勤め上げた後には、趣味なく友だちもいない現実に直面しなければならないからです。

小島　「何かしなくては」と思い、趣味の世界に入るのだけれど、悲しいことに「趣味」であっても目標やノルマという意識がついて回る。先日五十代の男性編集者に聞いたところ、そんな人たちが夢中になるのが「日本百名山」なのだそうです。日本百名山を登頂《とうちょう》達成するかどうかが、彼らの間の優劣になるという。なるほどと思いました。山で遭難する熟年のニュースを聞くたび、「なぜそこまで？」と思っていたのですが、あれは仕事の疑似体験なんだと考えると納得しました。

田中　なるほど、「達成」したいんですよね。結局仕事の呪縛から解放されていない。

小島　世界遺産巡りもそうですよね。これはすごくわかりやすいと思ったんです。趣味の世界でも、人と分かち合うのではなく、自分の記録を伸ばすことになってしまうんですよね。個人戦なんです。あんなに成績や肩書きに固執した自分が、そんなもの関係ない世界で生きるなんておもしろいなあというふうに発想を切り替えられないんですね。

いま、だんだん男の人が育児に関わるようになっていることはすごくよいことだと思うんです。私がかつて勤めていた会社は制度的に恵まれていましたし、夫も家事・育児をする人だったけど、やはり子どもを産むと仕事のペースを落とさざるを得ませんでした。アナウンサーでしたから、出演も減ります。

すると電話の取次ぎや補助的な仕事もしますし、社内では「あいつも終わったな」というように言われます。自分が「脇道に入ったな」という思いもあったのですが、いやいや「私は人の命を預《あず》かっているのだ。仕事上の私の代わりはいるけれど、代わりがいないという意味でどちらが重要かといえば、今の私にとっては育児の仕事だ」と考えることにしました。

私は仕事にやりがいを感じてましたし、結果を出すことをあんなに重視していたけれど、それは実はそんなに大事ではない、と思えたんです。完全に頭の構造が変わって、洗脳が解《と》けたようでした。すると、同じ職場に通いながらも完全に見える風景が変わってきます。「仕事は人生そのものではなく、あくまでお金を稼ぐためのもの」という感じ。それでいいんです。他の人に押しつけるのでなければ。

女の人の場合はこうした経験をせざるを得ない。仕事一筋の男の人は定年まで経験しない。そんなの不自然ですよね。これから育児をする男の人は、働きながら育児もして、こうした価値観が変わる体験をしていくでしょう。昨日まで何より大事な最優先事項だったことが、今日からは三番目か四番目になる、そのクライシスを自ら決断して乗り越えていく経験をするんです。これは将来「自由になる」ために、とても大事な訓練だと思います。私の夫もそうでした。

田中　本当にそうだと思います。「達成」というのは、本来いろんな軸があっていいと思うのです。男性の場合は、まず「いい会社に入ること」、入った後は「出世すること」という一本の軸しかないと思ってしまいがちです。どう別の軸をつくっていくかがすごく重要なんです。小島さんが言ったように「子どもをしっかり育てる」というところに基準を置くと、また別の「達成の軸」が出てきます。子どもを育てるというのは、非常に大きなきっかけになります。

仕事を辞められない男たち

田中　僕がどうしてこの研究をしているかという話に戻るのですが、そもそも四〇年にもわたって縛られることをなぜ男性側が問題にしなかったのかと思うわけです。これはすごい仕組みですよ。

小島　すごい仕組みですよね。おかしいと思う人がいてもよさそうじゃないですか。

田中　いてもいいし、体を壊す人がいても当たり前です。実際に、心を病《や》む人や自殺する男性はたくさんいるわけですが、そういった犠牲を社会は直視していない。男性として生きる身としては、単純に恐ろしいと思います。

小島　この仕組みは何によって、維持されてきたのか。

田中　さまざまですが、僕は一つ家のローンが大きいと思います。三五年ローンとか平気で組んでいる人がいますけど、ということは三五年は仕事を辞めないという話なんです。それから、奥さんが仕事を辞めるということもそうです。奥様が辞めた以上は……。

小島　俺が働く。

田中　そうなんです。過労死で亡くなられた父親を持つ、子どもたちにインタビューした本に、こうあります。朝お父さんは、「いってきます」と言うんだと。「忙しくて休むわけにいかない」「会社に迷惑をかけちゃう」と言いながら、「いってきます」と。過労死の徴候は、「疲れた」としか言わない、生気がないなどありますが、よくよく考えたらそのお父さんを止める手段がないのです。子どもが学生でお母さんが専業主婦だったりすると、お父さんに「会社に行かないでいいよ」と言えない。

するとお父さんは、どんなに疲れていても行かなければならないでしょう。家族に一個しか収入の口がないということは、体調を崩そうが、途中で辞めたかろうが、何だろうが、働き続けるしかないという問題があるんです。

二〇〇〇年前後に企業のリストラが問題になり、リストラされたサラリーマンのドキュメント本がたくさん出たんです。朝日新聞、毎日新聞、読売新聞、三大紙がそれぞれ特集を組み、後にすべて書籍としてまとめられました。結局クビになった人がまた別の会社の正社員に何とかなりました、よかったねというストーリーしかない。

小島 そうか、生きるためには、結局それしかないと。

田中 そうなんですよ。すべて、いまの仕事は不満だけれど、子どもが大学を出るまではと思って頑張っていますという話で終わりです。でも、実際そうなんです。男にはそれ以外の選択肢がない。だから男性の稼ぎ手モデルということで社会をつくっていくと、男の人は途中で何があっても仕事を辞められない。家庭が崩壊してしまうし、家庭が壊れれば社会も成り立たないから無理なんです。

男が男にかける「呪い」

小島 住宅ローンというのは本当にくびきで、経済的な奴隷になることですよね。三五年ローンというおっそろしいものを、あまり重大に考えないで組んでしまう。

田中 そうなんですよ。たとえ家を買わなくても、賃貸で暮らすという選択肢もあるわけです。

小島 全然問題ないです。私もマンションをいったん二五年ローンで買ったのですが、いやになって売っちゃいました。ローン、あれはすごい「呪い」じゃないかと思うんです。

田中 呪いですよね。

小島 十分な頭金ができて、「ここが終《つい》の住処《すみか》でもいい」と思ったら買ってもいいと思うんです。けれど若いうちは、もし子どもができたら保育園に入りやすい場所に引っ越さなきゃいけないし、いじめられて転校するかもしれないし、進学先もどうなるかわからないですよね。自分たちだって失業したり転職するかもしれない、いつ何が起こるかわからない。災害だってあるかもしれないし、買ってしまったら動けないのだから、結構リスク高いぞと。で、借金も嫌いだし、もう賃貸でいいじゃないかと考えたわけです。

するると、仕事関係の三十代の若者が「でも賃貸はお金をドブに捨てているようなものですよ」と言うんですよ。それで、「ちょっと待て、一銭も払わないで屋根と壁が手に入ると思うな！」と諭《さと》しました。

田中 そう言われると、持ち家信仰にとらわれていた人はハッとしますね。

小島 家の価値って、建物と土地だけじゃなくて、職場との距離とか教育環境とか、いろいろありますよね。だから賃貸でも、お金を払って然《しか》るべきものを手に入れているんですよ。その彼に、「どうして若いのにそんなことを考えたの？」と聞いてみたんです。すると、やはり「家は買ったほうがいい」と先輩に言われたそうです。

田中 理由を自分でしっかり考えたわけではない。まさに刷り込みですね。

小島 ええ、きっとローンのくびきでしんどい思いをしている先輩が、「お前も組め。お前もこっちへ来い」と引き寄せようとしているんです。呪いですよ。同じことを、私は違う場面でも感じたことがあるんです。「絶対モテるだろう」という感じの、四十過ぎの独身の男の友人がいます。彼を含めたメンバーで飲むと、いつも同じおじさんが彼に、「なんで結婚しないんだ」と必ず迫るんですよ。「結婚しないということは遊んでいたいんだろう、子どもを産むべきだ、子どもはかわいい」、とにかく結婚しろ、しろと言うわけです。

その人は結婚して子どもが二人いるのですが、自分が本当に幸せなら人にかまわなくていいじゃないですか。なぜそんな「シングルハラスメント」みたいなことをするのかと思うに、あれはたぶん羨《うらや》ましいのだろうと思うんです。

田中　自由な彼に対して、ですね。「こっちへこい、仲間になれ」と男が男にかける呪いですね。

小島　そう、あれは呪いなの。男が男にかける呪いです。自分が背負わされている重荷より、一個でも軽いやつを見ると悔しくてたまらない。だから「結婚しないと一人前じゃないよ」という言い方で背負わせようとする。言われている彼には「聞く耳持つな」と言っているのですが、この私の仮説はどうでしょうか？

田中　まさにそのとおりだと思うんですね。何かをしない人に対して未熟だとか、社会がわかっていないとか、その人がいかにバカであるかを説明する武器をいっぱい持っているわけです。でも、その根本には羨ましいという部分があるんです。家のローンは、本当に不自由の象徴ですものね。動けない、働き続けなければいけない。

小島　そして、そんなに減らない。

田中　そうですよね。おっしゃるとおりで、三〇〇〇万を三五年ローンで返すときの利子を考えたことがあるのかな、と思う。

小島　とんでもない額です。折り返し地点まで、元金はまったく返せないですよね。私はおかげで、借りていた某銀行が大嫌いになりました。貸してくれたのに（笑）。

田中　住宅ローンの金利が低くなっても、借金を何十年にもわたって返すことは同じです。もう少し、経済的なリテラシーを学校で教えたほうがいいでしょうね。

小島　会社を辞めようと思ったとき、男が男にかける呪いがちょっとわかった気がしたんです。ある人に「辞めるなら根回しをしろ」と言われたんですね。「バカね、根回しをしたら辞められないでしょう」と思うんですが、「根回しをしないと辞めたあと、ろくな目に遭《あ》わない」という呪いをかけてくるわけです。「誰々さんの恩義を忘れたか」とか、「裏切者」とも言われました。

誰でも辞めたいと思うことは一度くらいはありますよね。でもだいたいは、いろんなことを考えて踏みとどまる。つまり辞めようと決心した人の気持ちは、辞めない人には一生わからないわけです。そしてこの「辞めない人たち」は、「辞めようとする人」に、「お前なんか絶対不幸になる」と言い続けるんです。それは自分が踏み出せない一歩を踏み出す人に対する嫉妬かもしれないし、その人が捨てていく会社員という立場のままでいる自分を否定されたと思うからかもしれません。だから手を替え品を替え、本当にひどい言い方をするんですよね。

田中　ローン、結婚、それに会社が三つの「呪い」セットですね。僕は大学を辞めるつもりはありませんが、もし辞めようとしたら、絶対言われるだろうと思うのは、「お前は大学教員の肩書きのおかげで仕事があるんだぞ」という言葉です。

小島　言いますよね。あれはたぶん、自分の抱えている悔しさ、不満みたいなものを、八つ当たり的にぶつけているのだと思います。不思議と、「俺はいつか会社を辞めてやる」という人で、実際に辞めた人を見たことがない。辞められないと知っているから、せめてそう言いたいだけなんですね。俺は外でも通用するんだと。男の人同士はこうやって呪いをかけあってきたのだろうな、と思ったんです。

第2章

男に乗せられた母からの呪い

男はみんなマザコンか？

小島　男は結局みんなマザコンと言いますけど、本当でしょうか？

田中　その問題は、かなり時代状況に影響される気がします。僕が生まれた一九七五年は女性の労働力率が一番低くなった年なんです。労働力率が一番低いということは、専業主婦が多い。マザコンといいますか、結局、幼少期に頼りになる人がお母さんしかいないんです。

小島　お父さんは、家にいないんですものね。

田中　はい。ほかに誰もいませんから、僕が自分の当時を振り返っても、お母さんはすごく好きだったし、「お母さんと結婚したい」とか言っていました。

小島　かわいい。私の息子も幼児のころは言ってましたね。

田中　「ママと結婚したい」と言っているわけですから、すごくマザコンです。

小島　それ以外、ありえません（笑）。

田中　そうですよね。お母さんは、息子にそう言われたら嬉《うれ》しいんですか？

小島　私は、「ママと結婚したら、すごく大変だと思うよ。パパはおもしろいと言ってるけどね」と答えていた気がします。

田中　おもしろいし、ある意味とても真面目な回答ですね（笑）。男はみんなマザコンかと言われれば、そうなりがち、ならざるをえないという部分はあると思います。もっと子どもが父親にも頼れるような状況があれば、子どもにとっての拠《よ》り所《どころ》が分散する気がします。

小島　庇護《ひご》者のイメージが一個しかないということでしょう？　それはよくないですね。

田中　よくないですよね。一方で母親から見ても、父親が仕事一辺倒であまり家にいなければ、子どもしか拠り所がないわけです。息子が「ママと結婚したい」なんて言ってくれれば、母親にとっては自己承認にもなる。お互い、変な意味での絆《きずな》ができやすい環境ではあったかと思います。

小島　男が働き、女が育児で固定化されていると、夫は男一〇〇％、妻は女一〇〇％でやっていると思われがちじゃないですか？　けれどお父さんが仕事ばっかりで子育てに関わろうとしない家庭では、実は専業主婦がお父さんとお母さんを兼ねるんです。

田中 なるほど。そうですね。

小島 すると何が起きるかっていうと、子どもにとって母親が全能の神になっちゃう。育児はお前の責任な、って丸投げされた母親は、自分が子どもを完璧に仕上げねばという気持ちと、夫に顧《かえり》みられない孤独を子どもに依存して埋めようとする気持ちと、両方がありますよね。私の言うことを聞け、私を愛せ、ってもう神でしょ。子どもは、母親を否定するのは母親を不幸にすることだと思ってしまう。父親はもはや、母子宇宙外の存在ですよ。

で、母親はいつも横につきっきりで、子どもをじーっと見つめてる。そういう、母親にとっても子どもにとっても出口のない、メビウスの輪みたいな関係、共依存みたいなものといえばいいのでしょうか。どうなんでしょう？

田中 たしかに、いつまでも自分の中の価値判断が、「これをやったらお母さんが悲しむかな」「こういう姿を見たらお母さんはどう思うかな」となってしまいますよね。

小島　両親がどっちも仕事とか家のことをやっていて、言うことも違う、とか、母親は仕事とかいろいろやることがあるからなんか雑なときもある、とかだと、子どもは常に唯一絶対神におつかえしている、という感覚ではなく、いわば親を客観視してガス抜きできる余白があります。

でも、絶対に否定しちゃいけない全能の神として母親が二四時間君臨すると、子どもは思考停止に陥って、別に自分は大人になる必要もないじゃないかとなってしまう。子どもは、母親の存在証明なんですね。神様には信徒が必要なんです。

田中　なるほど。でも、子どもからすれば、自分をリードしてくれるはずなのに、自分が守らなければいけないという矛盾《むじゅん》。これはすごく難しい、処理できないですよね。

小島　そうそう、男の子の場合はとくに、「ママの言うとおりにしなさい、そうすれば大丈夫よ」と言われながら、「ママを守ってね」とも言われる。その息苦しさがあると思います。逆に女の子は母親から「私みたいな目に遭わないように、自立した女になりなさい」と言われながら、「私みたいに、ちゃんと子育てしなさい」とも言われるという、ダブルバインドに苦しんでいるわけです。私のようになるな、だけど私のようにやれ、ってそれ、無理。

田中　そのメッセージは矛盾していますよね。両方をいっぺんには達成できない。

小島　企業戦士の妻である専業主婦が、育児空間に閉じ込められて、子どもに依存して生きるしかなかったところに問題があるんじゃないかと。子どもに「私の言うことを聞いて、私を幸せに導いて」と言い続けた母親たちが、実はこの国の統治者なんだと思う。

田中　すごくわかる気がします。矛盾したメッセージなので、子どもはすごく混乱していると思います。母親に対して頼りたい一方で守ってあげなければと思うわけですから、永遠に処理できないですね。

小島　挙句《あげく》に不在がちな父親の悪口を言ったりするわけです。そうすると、息子は母親を女としても幸せにしてあげなくちゃと思う。完全に去勢されますよね。

「僕は大丈夫」という〝ママシールド〟

田中　さっき、価値判断がすべて母親基準になると言いましたが、僕がインタビューした中に「性風俗店に初めて行ったとき、『お母さん、ごめんなさい』と思った」という男性がいました。当時彼は二二歳でしたが、性風俗店に行くエレベーターに乗りながら、「お母さん、ごめんなさい」と思ったと。

小島　悪い子でごめんなさい、という？

田中　性風俗店に行ってしまうような俺、でしょうね。

小島　ごめんなさいと思うべき対象は、そこで働いている女の人に対してごめんなさい、と思ってほしかったな。もしその女の人が好きでやっているのだとしても、「人の尊厳をお金で買ってしまってごめんなさい」という感受性が欲しかったですね。

私は息子たちには性風俗店に行ってほしくないです。それは「自分は、女性の身体や尊厳に対してどういう態度を取るべきなのか。人の身体は、商品なのか？」という考察をしてほしいから。そういった問いもなく、安易にお金で性欲を満たすのは慎むべき行為だと思います。でも、母親、つまり私に対する性的な裏切りだと思うかというと、そうは絶対に思いません。

田中　人間の尊厳に対する想像力は、誰もが持つべきですね。しかし、母親が神聖であり、価値基準なんでしょう。だから自分がそういう店に行って誰ががっかりするかと思ったときに、やはりお母さんだと思ったということですよね。

小島　それはどういうがっかりに対する罪悪感なのか、その彼にもうちょっと聞いてみたい。たとえば、彼の母親が、性的に搾取《さくしゅ》されている女性の人権を守る活動家で、「僕の相手をする子が無理やり働かされている子だったらどうしよう、お母さん、ごめんなさい」なのか。または「あなたはママの宝物。ママだけのいい子よね」と言っているお母さんのファンタジーを裏切ったことに対する、「ごめんなさい」なのか。

田中　後者かと思います。

小島　お母さんが許してくれるセックスって、どんなセックスなの？「ちゃんとした女子大生」とのセックスなのか。でもその一方で男性って、「僕がどんないけないことをしても、最終的に誰かがどこかで守ってくれる、自分はそんなにひどいことにはならない」みたいな感覚を持っていませんか？

田中　いま小島さんがその言葉を言い出して、びっくりしたのですが、それは「お母さん、ごめんなさい」と思った男性がまさに言っていたことなんです。

小島　本当？

田中　そういうところへ行って、病気の心配や悩みはないかと聞いたら、「自分にそんなひどいことが起こるはずはないと思っている」と。そう言っていました。

小島　でた！「大丈夫、だってママが守ってくれてるから」。

田中　「ママが」とは言ってなかったですね。

小島　けど、「僕に限って大丈夫」というのは、「ママシールド」なんです。

田中　ママシールド？

小島　ママが息子にシールドを張ってるんです。ママが神様であり続けるために、息子にかけた呪いでもある。子どもが最初に出会う世界は、ママですよね。「いつでもママが守ってくれる」。それはきれいに言えば、世界に対する信頼感のようなものです。けれど成長とともに、「母親は世界の一部に過ぎないし、母親の言っていた原則などは世界の原則でも何でもない。自分は特別に守られているわけでもないのだから、しっかりしなきゃな」というふうに理解していかなければならない。

そうやって、どんどん母を「殺して」いかなければいけないのに、ママが殺されたくないばっかりに、息子にいろんな呪いをかけて君臨したままだと、息子は大人になっても無意識のうちに、「ママがそうであるように、世界は僕に悪いことをしない、僕を守ってくれる」と考え続ける。これがママシールドです。って私が勝手にそう呼んでるんですが。

田中　なるほど。しかも母親は、男の子にとっては一番最初に会う異性ですしね。女の子にとって、母親は同性です。

小島　そこも大きいのでしょうか。

田中　なんと言うんでしょう、性別が違うからこそ、異性が受け入れてくれるというところの安心感はあるのかなという気はします。

小島　そうなんだ。

田中　はい、同性だと、逆に分離しなければいけないと思うのではないでしょうか。

同じ性であるからこそ、「ママと私は違う」と思わなければいけないのではないかという気がするのです。けれども、異性だとすっと受け入れてもらって、分離する必要がない。お話を聞いていて、そんな気がしますね。

小島　ああ、確かに私はママとは違う、って強烈にありましたね。私は、男たちを見ると「ずっと薄皮を被《かぶ》っているな」という感じがします。まだずっと羊膜《ようまく》が付いているる。誰かがその羊膜を破らなければいけないから、彼女や妻がそれを破るんです。「いつまでも干《ひ》からびた羊膜にくるまってるんじゃない。いい加減、生まれろ」と言ってあげなくてはいけない。本来はね。でも、いつの間にか女の側も、「男の人を子どもみたいに扱ってあげるのがいい女」みたいなものを刷り込まれていたりするんです。羊膜ごと抱きしめてあげるのが女の愛などと思ってしまい、結局、お母さんの代わりをやってあげてしまう。誰が男を大人にするのか、問題ですよ。

田中　そうですね。いつになったら、男たちは自分の足で歩けるようになるのか。

小島　お母さんが男を大人にしようとしないのであれば、誰が彼らを大人にするのか。会社だってお母さん代わりですしね。毎月お小遣いをくれるお母さんだから、会社も男を大人にしません。働く男は、ママに甘えて会社の文句を言っていればいいだけ。会社経営者がクラブのママに叱《しか》られに行くとか聞きますけど、きっとどこまでも庇護者が欲しいんですね。

誰が男を大人にするのか?

小島　そうすると働く妻が、男を大人にしてやるしかないのでしょうか。大人になるというのはつまり、「俺がどれだけ世界を勝手に信用しようと、世界の側から見たら俺なんて物の数でもない」と気がつくということです。

田中　なるほど。「自分は特別」と信じたい男はなかなか気がつけそうにありません。

小島　だから自分の安全は自分で守らなければいけないし、用心深く生きねばならないと考えられるようになることです。それを男はいつ、誰によってそう変われるのか。私は夫に対して繰り返し羊膜破りをやっている気がします。

田中　それはすごく核心に迫った論点です。守られている膜を破ったらえらいことになるとまわりも本人も思っているから、そのまま死んでいこうとしている気がします。ただ、それが破れたら、生まれてくるイメージがありますよね。

小島　そう、生まれてくるんです。生まれたばかりの子どもにとってみれば、世界は恐怖に満ちています。寒い、まぶしい、腹は減る、知らないものばかり。そういうふうに男の人は世界に投げ出されるんですよ。それは「俺って何？」という不安を抱えることでもありますが、自由になることでもあります。羊膜越しの文脈で世界を見なくていいわけです。ママの価値観から解き放たれ、未知の宇宙として世界と出会い直すのだとしたら、自分を縛っていたものの読み替えのチャンスでもあるではないですか。

もちろん「世界は僕を特別扱いしない」と気づくのは、殺伐《さつばつ》とした砂漠に投げ出されることでしょうけれど、ママのヒーローをやめるっていうのは、自由になることでもあるんですよ。だから子どもを育てるときに「台本はママがあげるから、言われたとおりに世の中を読みなさい。そうすれば、怖いことは絶対に起きないから大丈夫」と言ってはだめだと思います。「世界地図の読み方は教えるけど、あなたの地図に何が書いてあるかは、私、知らないよ」と。子どもはやがて、七転八倒しながら、自分の言葉で白地図を埋めるしかない。そうじゃないと自立できなくなる。

田中　ご主人はだいぶ殻を破れたのですか。

小島　夫の場合はおばあちゃんやママが与えてくれたヒーローの台本を手放した途端に、すがるべき言葉を失くしたんです。だから彼はこれからやるんだと思います。自分の中から、自分を読む言葉、世界を読む言葉を見つけ出す作業を、です。何しろずっとママのヒーローで生きてきたから、そうでない自分に慣れるのは、非常に困難でしょう。息子たちはこうしてはならないと思います。

田中　でも男性が自分で自分の人生を生きていいんだ、ということは明るい話としてとらえたいです。それまで男性の人生は、「学校を卒業したらとにかく四〇年間働いてください。定年したあとは知らないですけれど」、と言われていたわけです。それはどういう意味なのか、どうしてそこにいるのかと考えなければいけないということですからね。

小島　そうですよね。自由になることでもあるのですけれどもね。自由になるということは、必ず不安がセットで付いてきますよね。でもその不安が、人と人をつなぐんです。不安がなかったら、他者は必要ない。不安というのは糊《のり》みたいなもの。存在の不安を抱えたときは他者を発見するチャンスでもある、と言いたいですね。

田中　それはすごくいい発想ですね。多くの人は不安の否定的な側面にしか注目していない。

小島　そのとき相手の前で自分を語る言葉というのは、決して高尚《こうしょう》でも難解でもなく、平易な、暮らしの実感の中から出てくる言葉でいいんですよね。これ辛いね、とか、これ嬉しいね、それ僕だけじゃないよね、と。俺はヒーローだ、なんて言わなくていい。〝男らしさ〟の文脈を捨ててもいいという「ゆるし」でもあると思うんです。そう思えば、ママを捨てるのは、そんなに怖いこともないと思います。ああ……そういうことを、どうして私は夫に言ってあげられないのでしょうか。

田中　なんというか、男の人は「自分は不安に思ってはいけない」と思っているし、まわりの人も不安そうな男の人を見るのは不安だと思うんですよ。でもその不安を表現できれば、「不安な自分」をまわりも自分も受け入れ、乗り越えることになるでしょう。それが「糊になる」ということですよね。

小島　ああっ、つまり私はそれができていない気がする。不安な夫を見たときに、私が不安になってしまって「不安だとか言うなお前!」って怒っちゃってる。せっかく彼の不安によって新しいつながり方ができるチャンスを逃している気がします。

田中　いやいや。どうしてもそうなると思います。不安そうにしている男の人を見ると、みんな不安になると思います。男らしさとは相反するものですからね。

小島　それを菩薩《ぼさつ》的な、お母さん代わりに受け止めてあげるという旧来のやり方とは違うやり方で受容していかなくてはならないんです。お母さん代わりの私とあなた、という形ではない「不安が作る新しい関係」を見つけないと。これは私サイドにも球が投げられているわけですね。

田中　それは小島さんにかぎらず女性みんなに、ではないですか。男性が「いや実は俺、不安なんだけど」と言ったら……。

小島　「しっかりせえ」とそこで言わずに。「私も!　一緒に頑張ろう」とか?　「一緒に工夫しよう」かな……結構考えさせられますね。

田中　はい。今後、男性が「不安」という球を投げ始めたときに、女性はどう受け取り、何を投げ返すか。

小島　ですよね。いままで不安なのはこっち側だった。あたしの不安をわかってほしいとずっと言ってきたのですが、これからは男性の不安を受け取って、キャッチボールする工夫が必要だと。

田中　男性も女性も、相手の抱えている不安に想像力を働かせてみる。そうすると世の中が変わるかなという気はします。

男が運ぶ母の呪い

小島　私の知人で、とても優秀な女性がいます。彼女は研究職にあったのですが、見合いで高収入、高学歴、高肩書きの男性と結婚し、専業主婦になりました。その夫婦は「お金を稼ぐのは僕の仕事」「それ以外の家事、育児は君の仕事」とはっきり役割分担しています。

彼女の夫はお皿一枚洗わなくて当然という態度ですし、実際そう口にする。ただし、見合いの条件は「頭の悪い女性は嫌いだから高学歴がいい」と明言したそうです。「女は無学でいいんだ」という時代ともまた違って、男もまた欲張りになり、「家のことを一〇〇％やってくれるうえに、高学歴がいい」と言うのだな、と興味深くて。

田中　まさに女性はサイドカーという発想を感じます。どうせ横に置いておくなら学歴も高いほうがいい。そもそも、その女性の場合、研究職として自分の道が開ける可能性もおおいにあったわけですよね。

小島　はい、とても頭がいい人だったんですが、ただ彼女もどこかで自分の可能性と、彼の収入を秤《はかり》にかけて選んだ部分があったかもしれない。なかなか根深いなと思いました。

また、やはりとても優秀な別の女の友人は、働いていた企業を辞めて専業主婦になりました。それは納得のうえだったのでしょうが、家庭に入ったいまでも朝はとにかく新聞を読みたい。子どもたちのご飯も手際よく作り、二〇分の空き時間をつくって新聞を読んでいた。すると夫が、「よくこんな朝の忙しい時間にのんびり新聞なんて読めるね、うちのおふくろはずっと家族の世話をしていた」と言ったそうなんです。

彼女が工夫してつくった時間なのですが、夫に言わせると、「母親はいくらでも家族のためにすることがあるはず」だということなんですね。

　私は、こういう夫たちに優秀な女性がどんどん潰《つぶ》されていくのを見て、これは「男の母親から継承された呪縛」であり、「女が息子を介して、女にかける呪い」なのではないかと思ったです。

田中　一世代上のお母さんから、「こうあるべき」という呪縛を受けている……。

小島　そうです。「ミーム」という言葉が昔流行《はや》りましたが、男なんて所詮《しょせん》ママの「ミーム」の運び屋じゃないかと。男の価値観の押し付けのように見えて、実はその母親からの呪いなのではないかと。女が女を縛るルールを娘に言っても反発されるかもしれないけど、息子という乗り物に乗せて、よその女に言えば、反発されることもなく、より効果的に生かされるじゃないですか。男はその価値観の「運び屋」。女が娘に言うより、女が息子という乗り物に乗せて言ったほうが、より効果的に継承されるとわかっているのではないかと。

田中　男を媒介として、ですね。

小島　はい、「ママの言うことは絶対」というままで来てしまった男たちが運び屋、媒介となるんです。娘は母親を疑いますから。

ゆるやかな「母殺し、妻殺し」のために語り出す

田中　親が決めたことを黙ってやってきた人が解き放たれたとき、「いったいこれは誰が決めたのか」、その怒りを親に向ける可能性はありますね。

小島　いま、それを娘たちが母親世代にやっているでしょう？　儀式ですよね、もう。

田中　はい、書籍もたくさん出ていますね。

小島　私の『解縛《げばく》』（新潮社）という本もそのコーナーに置いてありますが。その、いま女の人が経験している「毒母ブーム」のような、パンドラの蓋《ふた》を開けたくなる瞬間が、男性にも遠からず訪れると思います。

田中　なぜ娘のほうが先に来たのですかね。

小島　それは、たぶん言葉を持たなければならなかったからです。「私はこんなにし

んどいのはなぜ?」という問いへの言葉を。この世代というのは、「自立した女でありなさい。自立していないと、ママみたいに嫌いな男と離婚もできないのよ」などと言われて育ってきました。一方で「家事ができない女なんてだめ」とも言われて、ダブルバインドのしんどさがずっとあった世代です。その「しんどさ」の犯人捜しをしたところ、なんと自分の母親だった、というのがいわゆる毒母ブームです。

それを私たち女はずっとやっているのですが、男の人はこれからではないかと思うのです。いま「男らしさ」から自由になろうとし始めて、女がかけた時間の半分以下で、「あのしんどさの元凶は何?」までたどり着くと思う。だから早めに、「気をつけなさい」と言っておかなければならないんです。

昭和のママの言うとおりに生きてもやってこられた、いわば「ママめがね」で平成の世の中を見ている世代が引退して、「ママの言ってた話と違うじゃんか。つか、しんどいわ」っていう実感を持った世代の男性の発言権が大きくなれば、「男による母殺しの時代」が来ると思うんです。来ますよ、五年以内には絶対。

ママの言うことを聞いて、ママの夢を叶えるために頑張ってきたけど辛くなり、ある日「こんなことをさせやがって、このくそババア」となる。その過程を経て、「ああ、時代が変わったんだから、もうママに義理立てしなくていいんだな。ありがとうママ、さようなら」って言えるようになる。男の「母親殺し」。歴代ママによって、母殺しは絶対に犯してはならないタブーとして男たちに刷り込まれているけど、それを乗り越えないと日本の社会は大人になれない。母性神話って、男の幻想のように見えて、実は、神である母親が、息子に殺されないようにするための装置なんじゃないかと思うんですよね。

田中 なるほど。では子育てについて言えば、聞き分けがよくない子のほうがいいということですね。

小島 ええ、ただ聞き分けたくないときに、それをいかに暴力以外で表現するかという技術を身につけないといけません。抑圧された思いを何で発散《はっさん》するか。

田中 小島さんの場合は、その発散の技術として話す力がついたわけですよね。職業にできるくらい。

小島 私の場合はそうですね、それは母との関係の中で、日々生きなくてはならなかったから。彼女は「自分と、自分の延長である娘と、敵」という世界に生きていました。一方、私は「私は、ママじゃない」と言いたかったんです。どう言っても伝わらないのに、「気づいて！　あなたの目の前に、他者がいるんだよ」と呼びかける。これを毎日、数時間。「溺愛されているのに、発見されていない自分」に苦しんだんですね。怒鳴ったり、つかみかかったりもしましたよ。最終的に、摂食障害と不安障害という病気になりました。希死念慮《きしねんりよ》（漠然と死を願う状態）も強くて。カウンセラーには「なぜしんどいのかと考える力がなかったら、生き延びられなかっただろう」と言われました。こんなやり方は、誰にもオススメしたくありません。

でもそうすると、では何が僕らしさなのか、何が人の幸せなのか、何が人間としての価値なのかということを考えなくてはいけない。それを語る自分なりの言葉が必要になる。それがうまくいけばいくほど、やがて「誰が僕をこんなに不自由にしたのか」と、必ず怒りを抱くようになる。

すると、おそらく目の前に、会社の上司と並んで、お母さんや奥さんが見えてくるでしょう。絶対に見えてくるんです。そのとき「母殺し、妻殺し」をいかに平和的、建設的な方法ですするかを考えておかなくてはいけません。そうしないと、単なるＤＶや、復讐《ふくしゅう》になってしまう。そこは男任せにしないで、女の側からもその方法を探さないといけないんです。さっき田中さんがおっしゃった、男の不安に女がどう対処するかっていうのもその一つですね。これがうまくいくかが、日本の社会が変わるうえで一番大きな関門だと思っています。

田中　そこまで深いレベルではありませんが、僕が講師を務める市民講座ではそういうテーマを組んでいます。男の人だけを集めて、いま小島さんがおっしゃったような話をして、その後ワークをします。参加している男性たちは言われてみてはじめて「こういう問題があったのかもしれない」と気づくんですね。するとみんな話したいことがどんどんあふれでて、最近はワークの時間が三〇分間では足りないくらいです。

市民講座はだいたい二時間単位なので、僕が一時間二〇分くらいしゃべるわけですが、「講師はしゃべらなくていい、もっと俺らにしゃべらせろ」という感じです。あまり深いレベルでなければ、自分たちの話をすることがいまのところ楽しいようですね。子育てや会社の出世レースに悩んでいるという人や、「娘が中学生になったら、お父さん、お父さんと言わなくなって寂しい」という人もいます。

小島　男たちがみんな、弱みを語れるようになっているんですね。第一歩ですよね。

田中　はい。本当にそうですね。娘さんが中学生になって寂しいという、そのお父さんの話をうちの大学の教授にしたんです。すると、「いまは思春期でいったん離れるけれど、一八、一九歳になって成熟してくれれば、またお父さんのところに戻ってくるから大丈夫ですよ」と、経験者ならではのアドバイスをしてくれました。次にそのお父さんにお会いしたとき、伝えたら安心していましたね。

小島　彼女がもし仕事を持ったら、必ず戻ってきますよ。私も仕事を持つようになって、さらに自分が大黒柱になったとき、「パパはしんどかったろう。偉かったな、もっとやさしくすればよかった」と心底思いました。

田中　男の人はそういうプライベートな会話を会社の人としたことがないから、本当はたぶん怖いんです。

小島　弱音を吐いたり、世間話をするのが怖い。

田中　ええ。市民講座の参加者はご近所の人たちが多いので、講座が終わったあと飲み会をしたり、キャンプへ行ったりしているんです。そういう場をつくっていけばいいと思うんです。もちろん深い話までいけば葛藤が出てくるでしょうが、まずは、あまり深刻でないところからだんだん話せるようになっていくのがいいのではないでしょうか。

「昭和の母」をモデルにするな

小島　先日、少子化ジャーナリストの白河桃子《しらかわとうこ》さんと対談したとき、田中さんがおっしゃる「男性の解放」という話になりました。男の人が自分を解放して、「もう男らしさに縛られなくていいんだ」と気づき、家事もやろう、育児もやろうとなるのはいい。

けれどそのときに、自分のお母さん、「昭和のお母さん」をモデルにするな、という話をしたんです。「昭和のお母さん」モデルが機能する時代ではなくなったのに、男も女もいまだにモデルにするから、またしんどさの繰り返しになってしまう。三食きっちり作って、掃除洗濯もきちんと全部やって……。できるはずがないじゃないですか。

では誰を目指せばいいのかといえば、モデルがない。白河さんは「モデルがなくていい」と言っています。君臨しているのが「昭和のお母さん」であると自覚していればいいということなんです。お母さんみたいにはできないし、それを目指す必要もない、と自覚的であればいい。男も女も、いまは働くしんどさ、育児、家事のしんどさもお互いわかるようになってきた。だから、夫も妻もお互いに「ちょっと待ってあなた、昭和のお母さんの呪いにかかっているよ！」と引き戻すことができると思うんです。

田中　いま話をうかがっていて「僕は大丈夫」と思っていました。最近妻が出産したので、いま僕が全部家事をやっているんです。とりあえず食器を全部紙皿にしました。

小島　洗わなくていいようにね。合理的、素晴らしい！

田中　はい、そのまま捨てられるじゃないですか。いまうちは割り箸《ばし》と紙皿で、三食とも食べていますう。どんどん捨てるということを導入したんです。それに、たとえば今日のように仕事をして帰った日は総菜屋さんなんかでおかずだけ買っています。「昭和」はもう完全に捨てています。もったいないとは思うのですが、しんどくなっては続かないですからね。

小島 でも、仕方ないですよ。新生児の育児は、文字通り寝る間もない24時間労働ですもんね。

田中 いまご飯を作って、洗濯してと全部やっているので、継続していこうと思ったら完璧で理想的な家事なんて無理なんです。今日も出かける前にルンバ（ロボット掃除機）をかけてきました。いまの話を聞いて、「自分はうまく転換できている」と思えました。

小島 そうですよ、それでいいんです。田中さん、その話をあちこちでしたらいいと思います。みんな、「うちも産んだら紙皿でやる」と言いやすくなります。

田中 紙皿に切り替えるというのは、妻が働きながら子育てしている女性の先輩から聞いてきたアイデアで、僕は全然思いつかなかったですけどね。

小島　肝心なのは、そこですよね、もし田中さんが「昭和のお母さん」モデルにとらわれていたら、「ええ、紙皿!?　うちのおふくろはそんなことしなかった」というようなことを言ったでしょう。最悪でしたね。

田中　よかった（笑）。

小島　少し前まで、食洗機でさえ「サボってる」とか言われましたものね。いまは、自分の母親みたいな家事のやり方では、とても暮らしが回らない。男性はママのヒーローを演じるだけでも無茶ぶりなのに、ママ並みの家事もなんて、無理ですよ。でまた、妻も昭和のママの呪縛で、私はこんなに頑張ってるのに、夫はなんでこんなに家事が下手なの、なんてダメ出しをしてしまうと、結局お互いに血みどろの闘いになるでしょう。最初から二人で紙皿を使えばいいだけなのに。

家事に限らず、母親に与えられた価値観を軽やかに捨てて、田中さんのように「平和な母殺し」ができるかが問題なのです。

田中　けれど家事以外の面では、僕にも「母の呪縛」はあるんですよ。うちの母は心配性で、「大丈夫？」とよく言うんです。すると、「あれ、僕大丈夫じゃないのかな」

という気がしてしまう。心配をかけてはいけないんだと思うのが一つ、それから、自分の能力を低く見積もるようになったのではないかと思います。「心配だ」と言われると、「ああ僕って心配な存在なんだ」と思うわけです。

小島　なるほどね。

田中　親に心配かけないようにしなければとずっと気にしてきたために、チャレンジすることが苦手になっている、と大人になって気づいたんです。「すぐそうやって心配だと言うけど、すごくつらい。自分はだめなんじゃないかと思ってしまう」と、母に言ってしまったことがあります。母はただ子どものことを心配しているのですからかわいそうなんですが、やはり責めたくなります。

小島　あなたのせいだと、言いたくなる。

田中　責めてはかわいそうだということは、わかっているんです。先ほどの専業主婦の母親が神になる話につながりますが、うちも父は本当に休みのないサラリーマンだったので、母は全部守らなければならなかった。だから、「昭和のお母さん」は、愛情のベースが「心配」になってしまうのかなと思うんです。

小島　田中さんみたいに、親のことが分析できていればいいんだと思います。私は親との関係を前述の『解縛』という本に書いたのですが、あの本は仕上げに過ぎないのです。摂食障害と不安障害の発症からカウンセラーとのやり取りを経て、一〇年近くかけて母を客観視して「あの人は誰だったのか」を分析し、書くことでそれをはっきりさせました。「彼女は彼女なりに切実に幸せになりたかったんだ。ただ、そのやり方が、娘である私を追い詰めたんだな」と自分なりに答えが出たとき、はじめて母に女性として共感し、楽になったんです。

　田中さんは学者さんですから、お母さんはこういう状況だったから心配が先に立つのだ、と分析的に考えられます。ただ大部分の人は、怒りの発散のほうにフォーカスしてしまうと思うんです。私は怒りを溜《た》め込んで摂食障害と不安障害という病気になり、カウンセリングをきっかけに、溜め込んだ怒りを何年もかけて噴出させて、それからやっと冷静に分析できました。でもこれ、つらすぎます。

田中　ゆるやかに着地させなくてはならない。

小島　はい、そのためには、早いうちに田中さんのように「メタな視点」を持たないといけないですね。母親、父親はどういう社会状況の中で僕を育てたのか。特にあの時代の母親が息子を育てるということは、どういうことだったのか。腹が立ったり、許せないという部分があったとしても、客観的に理解すれば、それを「読む言葉」を持てるじゃないですか。

それがないと、ただただ腹が立って恨みでいっぱいになってしまう。大人の男の人がそれを噴出させると、暴発して大変なことになります。ＤＶになりかねない。田中さんの市民講座に参加している方々は、やっと弱音を言えるようになり、どんどん自分語りが深まっていくと、いずれそこに行き着くと思います。

田中　そうですね、いまはたぶんまだ浅いところなので、解放感の嬉しさしかないと思います。

小島　解放していくのはいい、けれど闇雲に怒りを発散するのは避けなければならない、とセットで提案しなければいけないですね。田中さんのように、軟着陸できればいいのですが。

田中　僕も強く言ってしまったことはありますよ。

小島　お母さん、泣いていましたか？　何と言っていましたか？　とまどっていましたか？

田中　とまどっていました。「そんなことを言われても」という感じです。いま六十歳ですけれど、おそらくもう染《し》みついてしまっているから治らないでしょう。だからあまり強く言うのもかわいそうですよね。時代背景を考えて、専業主婦で……と考えると。

小島　そうじゃないと生き延びられなかったのでしょうね。

田中　そう思います。子どもが一人いても怖いのに、僕は弟と妹がいますから、母からすれば子どもが三人もいて完全に任されている状況は、ちょっと考えられないです。心配性にもなってしまうと思います。父は交わらないので、葛藤もないんですね。

新しい物語を始める

小島　お父さんとは、ぶつかり合いみたいなものはまったくなかったですか？

田中　ぶつかり合いというか、たまにしかいないくせに威厳を示そうとするから、単純に苦手だったんですね。ただ、本当に苦手なんですけれど、そこまで複雑な怨恨にならないんですよね。ただうっとうしい。たとえば僕は整理整頓ができない子どもだったんです。机の中にプリントがいっぱいたまっているような子だったので、通信簿の生活を評価する項目が△なんです。だから、いくら成績がよくても父親にすごく注意されました。「お前は成績がいいかもしれないけれども、人として基本的なことができていない」と言われるのです。けれど、ほとんど家にいないわけですから、説得力がない。

小島　たまに片付けたりしても、見ていないしね。

田中　いいえ、まあそこは本当に片付けられない子だったんですが。残念ながら、父とはキャッチボールをしたことすらありません。距離が遠すぎるということは、寂しいといえば寂しいですよ。いまになって考えてみると、仕事でほとんど家にいない父の立場からすれば、息子と接する機会が少ない中で何とか自分の役割を果たそうということだったのかもしれません。理解してあげなければいけないですね。

小島　うちもすごく出張が多く、忙しい父でした。目つきが気に入らないと怒鳴《どな》ったりすることがあったので、距離は感じつつも、機嫌のいいときには仲良く話すこともある親子関係でした。でも、大学生のとき、父に何十回も平手打ちされたんです。それまで手をあげられたことはなかったのですが、いろいろな状況が積み重なって……。

田中　本にも書かれてますよね。

小島　大学生になり、就職を決めて、視野が開けたんですよね。きっかけは、ＨＩＶ感染を理由に不当解雇された人たちを支援する運動に、私が参加したこと。父が「そんな運動はやめろ、内定を取り消されるかもしれないぞ」と。私は怒って、それは感染者に対する差別だ、などとわーっと言ったわけです。

そうするうちに、自分はもう父と対等なんだ、いやむしろ、定年した父よりも、これから働く自分のほうが上だ、という思いが頭をもたげて、「パパは、世間体ばかり気にして、世の中のことを考えないで仕事をしていたからダメなのよ」とまで言ってしまった。で、定年まで身を粉にして日本経済に貢献したという誇りを持っている父の逆鱗《げきりん》に触れた。まあ、それは当然ですよね。そこからずっと往復ビンタです。私も負けじと「殴って人の考えが変わると思うなら、気が済むまで殴ればいいでしょう」と言い返したもんだから、両耳の鼓膜が破れるまで打たれて、蹴り倒されました。いくら娘が生意気でも、父のしたことは間違っています。暴力、DVですから。

後で考えれば、あのときは私の、長年積み重なった思いが噴出したんですね。経済的にも父だけが稼ぎ手で、もちろん腕力も、家族で唯一の男性である父が一番。気に入らないことがあると怒鳴ったり、母のことも家政婦のように扱うことがある。そういう細々したことへの怒りが、あのときに一気に噴出したんです。

田中　それまで一回も手をあげたことはなかったんですか？

小島　箸の持ち方がおかしいと、一度手をはたかれたくらいでした。考えてみれば、このときは、父も脳梗塞を患《わずら》った後であったり、定年を迎えて心理的にいろいろ抱えていた時期でした。私は私で就職が決まって自信過剰になっていたり、ジェンダー的な男に対する怒りのようなものを持ったときでもあり、それを一番ぶつけやすいのが父だった。いろんな条件が重なって、こんな不幸なことが起きたんですね。

田中　僕にはそこまでのぶつかり合いはなかったですが、大人になって「顔がお父さんに似てきたね」と言われたときはすごく嫌でした。父とは違う、と思いたかったというのでしょうか。

小島　それが男性学の研究の動機になっていたりします？

田中　どうでしょうね、まだうまく言葉にできませんが、いずれしっかり考えなければならない時期が来ると思います。

小島「あれとは違う、同じ男だと思ってくれるな」というところから、何かが……。

田中　はい、何かきっかけになっている部分もあると思います。ただ、先日、子どもが生まれた日に父に電話したんです。一応心配してたから、報告しておこうと生まれたその日のうちに思ったんです。それで、「僕は父を許したな」と思いました。電話したら喜んでいたし、間違いなく僕が壁をつくっていた面もあったんです。うまくコミュニケーションできない原因が自分の側にもあった。

小島　よかったですね。大人になったんですね。

田中　四十にもなってですけれど。

小島　田中先生の男性学というのは、自分の父親世代のように生きなくてはいけないと思い込んでいる男性たちに、もう時代は変わったんだから、そうじゃなくてもいいんだよ、とゆるしを与えるものですよね。いわば、穏やかに父の背中を葬《ほうむ》るための、手引書。男性にとって極めて重要だと思います。あとは、男性による「穏健な母殺し」をどうするかです。自覚していないから、難しい。

おそらく子どものいる夫婦であれば、自分の奥さん、パートナーと一緒に新しい母の物語を書くということだと思うんです。それによって、母親像を上書きしていくというのが、一番穏便かつ建設的な「母殺し」だと思います。

ちなみに夫は、ママのヒーローでいなければという呪縛は強烈でしたが、家事労働に関するジェンダーバイアスは、最初からまったくありませんでした。たまに父親が皿洗いを手伝うのを見ていたらしく、加えて一人暮らし経験があったからかもしれません。男女ともに、一人暮らしの経験は大事ですね。

女性は、働くモデルとしての父親というのは想定しにくいので、父のようにならねばとは思わない。むしろ、父のような男たちに差別されて悔しい思いをしています。

なのについ、旧来の「デキる男」をパートナーに求めてしまう。それを、もうやめなくてはなりません。

私も、夫が仕事を辞めたことで、初めてそのことに気がつきました。今は、年収肩書きがなくても、夫はやっぱりすごいなあと思う。新しい環境で家事育児に奔走する彼を、とても頼もしく思っています。

田中　それはいいですね。先ほどからのお話の出口ですね、二人で書く新しい物語。

小島　田中さんご夫婦のお話をうかがっていると、まだお子さんが生まれたばかりなのに、もう新しい物語を書かれている感じがしますね。

第3章

男と女、恋愛とモテ

「草食男子」への曲解

小島　田中さんは大学で教えていらっしゃって、最近の若い男子の恋愛やセックスをどう見ていますか？　激しく誤用されている「草食男子」という言葉もありますが。

田中　何をもって「草食」とするかということですが、性交渉の経験率であれば下がっています。九〇年代がピークで、いまはだんだん下がってきている。ただ、どのぐらい下がっているかというと、八〇年代と同じぐらいなんです。つまり、一度上がって、戻ったというイメージですね。ずっと上がり続けるほうが不思議であって、ある時点で曲線を描くこと自体はあまり不思議ではありません。

そもそも性の経験率が上がっていたころには、「性が乱れている、けしからん」という批判があったはずで、したらしたで叩かれ、しなくなれば「草食化」と叩かれる……。

小島　もともと「草食男子」という言葉を作った深澤真紀《ふかさわまき》さんが意図したのは、「情けない男子」という意味ではありませんでしたよね。女性を性的な対象として、いわば「狩り」の獲物として見る「肉食系」の価値観から、自由な男性たち――。何人とやったとか、いい女を落としたとか、そういう手柄話をしない男たちのことです。

つまり草食男子というのは、女性に対して対等な眼差しを持った男性という、むしろとてもいい意味だったのです。いつの間にかそれが、肉食至上主義によって曲解されてしまった。「草食男子＝腑《ふ》抜け男」みたいに言われていることに、深澤さんもきっと複雑な思いでいらっしゃるだろうと思います。

田中　ええ、おっしゃるとおりもともとはポジティブな意味です。そもそも深澤さんが書かれた『平成男子図鑑』（日経ＢＰ社）という本の意図は、「おじさんたちがそういう若い人のいい変化に気づいていないから、教えてあげましょう」というものでした。草食男子については、哲学者の森岡正博《もりおかまさひろ》先生も本を出されていますが、女性を性的な対象ではなく、対等な人間として見る点を特徴としてあげています。

小島　そうなんですよね。本来は、いわばジェンダーの垣根をより低くする、男性とも女性とも親和性が高い男子たちという意味だったんです。けれど、結局オヤジのイデオロギーのほうが強かったために、「あいつらはだめ」という意味で使われ出した。そして、そのオヤジたちが読む週刊誌では「七十になっても、八十になっても、そして九十になってもセックスしたい」という特集が全盛です。ほかに考えることないのか、と（笑）。

田中　この間、週刊誌の記者の方と話したのですが、そういう特集を組むとすごく売れるそうなんです。「死ぬまでセックス」というのは、一つの定番になっています。

小島　女の人が「美魔女」を目指す、男の人がいつまでも「現役」であろうとするのは同じ方向ですよね。自分は若いと主張しようとして、おかしなことになっていく。そのオヤジたちと対極にある「草食男子」は、単にセックスしないからだめというだけではなく、コミュニケーションに臆病であるという言い方もされますよね。傷つきやすすぎる、自己完結していて他者への関心が低い……いまやもう滅多打ちにされていますけど。田中さんは実際学生と接していてどう感じられますか？

田中　ある調査では、最初のデートでいいと思ったなら性行為をしてもいいという率が、僕が大学生のころの九〇年代後半が一番高かった。男の子だと五〇％ぐらいだったのですが、いまは三〇％ぐらいにまた減ってきています。たしかに実感としても、僕が学生だった九〇年代には、「合コンでお持ち帰りしてラッキー」という空気がまだあったんです。僕には全然意味がわからなかったんですけど、「やれる状況があるのにやらないのは男として恥ずかしい」という……。

それに比べると、僕はいまのほうが圧倒的によくなっていると思います。相手の気持ちに配慮があるなら、「その日のうちに何とか持ち帰り」なんてありえないわけじゃないですか。だから一般的には批判されがちな「草食化」というのはいい方向への変化だと、僕は思うのです。

小島　当然ですよね。レストランガイドの『東京いい店やれる店』（ホイチョイ・プロダクションズ・著、小学館）なんて、すごいタイトルですよね。

田中　すごいですよね。

口説くのは中毒と強迫意識

小島　恐ろしいのは、いまだ「当日お持ち帰り」を目指す男性をよく見かけることです。ときどき仕事帰りに一人でご飯を食べに行く深夜営業のおいしいお店があるのですが、聞きたくもないのに右からも左からも口説きが聞こえてくる。本当に「もうちょっと工夫しろ」というぐらい、やりたい気持ち全開の……。

田中　今日中にやりたいと思っているんですよね。

小島　何とかこのあと持ち帰りたい、という。本当にいじましい。女の人はかわしていたりするのに、執着する。とりあえず今日のところはちょっと仲良くなって、また来週来ればいいじゃないかと思うんです。本当に不思議でしょうがない。

田中　男性は定年後「百名山」制覇を目指すという話をしましたが、それに通じるのかもしれませんね。なるべく多くの女とやりたいから、今日中に一人やっておけば来週は二人目に行けるという。

小島　なるほど。攻略するべき山だと思ってるんでしょうね。そこに女がいるなら、とにかく早く登っとこう……ひどいです。

田中　ひどいです、ひどいです。ただ、僕たち男が考えなければいけないのは、本当に女性を口説いて持ち帰りをしたいのかということなんです。おそらく男はそういうものだと思い込まされて、夜な夜な口説いている。強迫意識なんですよ。それはとても不自由ですし、その数が一〇〇だろうと、二〇〇になろうと、結局残るものは何なのということになってしまいます。

小島　むなしいのに。一種の中毒なのかもしれませんね。

田中　ええ、男の人には仕事に関しても中毒になりやすい傾向がありますよね。手を洗うのをやめられないなどというのも中毒です。アディクション（中毒）とは、一つの行為に固執してしまうことじゃないですか。手を洗わないと不安になってしまう、ずっと仕事をしていないと不安になってしまう、ずっと組織に従属していないと不安……。そして、ずっと性欲を女に抱き続けなければ不安になってしまう。アディクションですよね。

小島　週刊誌のセックス特集の見出しなんか、完全にそれですよね。

田中　「男らしさアディクション」ですね。本人はその行為を反復すれば安心するということに気づけていないわけですよね。同じパターンを繰り返して、安心しているということです。

小島　だから「男らしさアディクション」ではない男性を否定して、安心する。

田中　そう思いますよね。仕事の話でも同じことが言えて、他者を叩いて自分を正当化するということが多すぎですよね。非正社員を見下して正社員は素晴らしい、いまの若者は情けないが俺ら世代はいい、女はだめだが男である俺は大丈夫という。

小島　自分が傷つかなくて済むし、それが一番手っ取り早いですものね。

田中　そうすると、この人たちがかわいそうなのは、中身がないことですよね。自分たちは何者かを定義しているのではなく、「あれじゃないものが俺」というふうに考えて安心しているわけですから。

小島　そのとおりです、「あんたの何が偉いの」と若者に言われて、「お前じゃないから」とか「歳を取ってるから」と答えても説得力ゼロです。

田中　でも、現状やっていることはそうなんですよ。他者を否定することで自分を肯定する、中身がないのに威張らなければいけないわけですから、必死は必死ですよね。

衰えるのは一種の解放

小島　しかし男性の体はめんどくさいですよね。私にも息子が二人います。上の子はもう中一なので、不意の勃起に悩まされる時期に近づいています。この人たち二人は、股間についている暴れん坊にこの先振り回されて、かわいそうに歩きながらポケットに手を突っ込んで抑えなくてはいけない。家族の中の唯一女である私は、さぞ大変だろうなと見ているわけです。もちろん女にも生理の煩《わずら》わしさはあるのですが、そこまで体の一部に突発的に振り回されることはありませんから。

田中　ええ、そこなんです。だから衰えていくことを受け入れたほうが楽だと、僕は思うのです。つまり性欲に振り回されているということは苦しいですよ。

小島　苦しいでしょうね。もちろん、その苦しさはなんの言い訳にもならないですよ。「男は精子がたまるから、浮気してもしょうがない」とか、アホかと思いますね、女だって毎月排卵してますが？　あんたら、それを理由に妻に浮気されたら、なんて言うの？　「だって排卵しちゃうんだもん」とか、通用しねーだろと。でも、そういう「射精信仰」みたいなものってありますよね。男の股間は治外法権、的な。

田中　バイアグラなどの薬は、ある意味残酷ですよね。振り回され続けるということになる。

小島　成仏できないわけですね。

田中　そうなんです。幸いにして次第にそういう機能が衰えてくるのに、そんな薬ができたばかりにまた振り回されることになります。女性の閉経《へいけい》でもそうですよね。なくなる前は「ちょっと怖い」「女として終わってしまう」などと考えていても、閉経後は「楽になった」「これで面倒臭いことをしなくて済む」などと肯定的にとらえる方もいらっしゃるみたいです。

小島　最近そういうふうに語る人は増えてきましたね。

田中　同じように、男性が性欲が衰えたという場合も、それは一種の解放だと僕は思うのです。若い人は性欲に振り回されてしまって、今日はどうしてもやりたいと思ってしまう。生理的には振り回されなくて済むようになったのに、なぜわざわざ薬を使って、その寝た子を起こすのかがわからない。

小島　そう、なぜ起こすのか。やはり、代償《だいしょう》行為ではないのでしょうか。定年後、アディクトする対象である仕事がなくなり、その分をセックスに肩代わりさせてい る。六十になっても、七十になっても、八十になってもと……。本当にセックスがしたいわけではないのではないんじゃ？

仕事というすがる対象をなくしたあとも、何十年と生きなくてはいけない男性たちにとって、「死ぬまでセックス」というのはいわば「百名山」と同じなのではないか。仕事以外の生きる実感というものを知らずに来てしまった人が、老後何によってそれを代替するのか。その点でみんな苦しくなった。だから、本当は替わりなんかなくても生きていけると知れば、楽になれるということですね。

田中　歳を取ればすべてが下っていくわけですから、うまく着地させてあげることが中年以降の男性には必要なのではないかと思います。それなのに、たいていはもっと上昇していこうとする。たとえば写真を撮り出す、小説を書き出すという人は、「特別な俺」になってさらに地位を上昇させようということでしょう。女の人をいっぱい口説きたいという人は、若いときよりも持っているお金をバックボーンに、よりモテたいということでしょう。そうではなく、下っていくのを手助けしてあげたほうが、みんなが平和になるのかなと思います。

小島　そういえば、夫が「やりたいことをやりたい」と言うので、「やりたいことがあるなら、やれば」と返したんです。すると彼は「やりたいことはないんだけど、やりたいことをやりたい！　と思いたい。だからやりたいことが欲しい」と言うのです。つまり彼は、「やりたいことができない、ってことをやりたい」のです。やりたいことに恋い焦がれている不自由さを、味わいたいんですね。そして、「やりたいことをやる」という状況に自分を置けば、自分の空虚感が埋まるのではないか、と漠然《ばくぜん》と思っている。この呪いはどこからやってきたのだろう。

田中　何もやらなくてもいい、という発想はないんですね。

小島　いいじゃないですか。何もやらなくて安定しているのならそれでいいのに、「やりたいことをやろうと焦がれる俺」でいたいわけです。不自由であることで安定したいんですね。

田中　定年退職者の調査をしたとき、「手帳が真っ黒で、俺はいま充実している」という人がいましたね。そのインタビューを終えたあとは、「次はこの会、その次はこの会で、今日はもう三つも予定がある」と嬉しそうに話すんです。手帳が真っ黒であることが充実した人生だという証《あかし》なんでしょう。予定が何もないから、ゆっくりお茶でも飲みながら本でも読もうという発想はないんです。

小島　何もしなくてもいいのにね。

恋愛中毒の時代

田中　男の人は、「それが何か役に立つのか」ではなくて、それ自体が楽しいからやるということを、もっと持ったほうがいいのではないかという気がします。

小島　これは私の印象ですが、私が十代から二十代だった八〇年代、九〇年代は本当にみんな恋愛が人生最大の問題といいますか、恋愛強迫症のようなところがあったと思うんです。みんな、モテるためにギターを弾く、モテるためにバンドを組む、全部モテるためです。モテるために何かをやることはむしろ尊いというような風潮ですし、ドラマも全部恋愛ドラマ、あれは異常でしたよね。

田中　たしかにそう思います。恋愛しなければ人にあらずという当時の空気は異常です。

小島　結局それでモノが売れるし、スキーに行く、テニスもするし、恋愛が経済を引っ張っていたのかもしれません。若者の人口も多かったのでそれだけお金がたくさん回ったのでしょうし、たまたま金儲《もう》けになるから、「恋愛が人生の醍醐味《だいごみ》」みたいに言われましたけど、あの時代が異常だったんですよね。恋愛は、生きていくうえでいろいろあるうちの一つに過ぎない、というのでいいでしょう？

田中　それが理解できていないと、恋愛がうまくいけば、人生もうまくいくはずだという勘違いを生む危険性さえあります。

小島　まだ男の人たちはそれを引きずっているところがありますよね。女性でも、バブル期を謳歌《おうか》した世代だと、まだ夢の中にいる人がたまにいます。

田中　就職した後に、新しい学習がないからでしょう。仕事に時間を取られてしまうし、趣味もない。だから、当時の価値観を引きずってしまうというのはあると思います。でもそれはすでに無価値なのではないかと誰かが言ってあげないと、残念だけれどわからないことなのかなと思います。

小島　「恋がしたい」というのも、よく見るキャッチフレーズですが、よく考えると、おかしくないですか。「あの人に会いたい」というのが普通じゃない。あの人に会いたいというのが恋であって、恋そのものに実体はないわけです。先ほどの「やりたいことをやる俺でいたい」というのに通じるものがあると思います。

特に男の人は、なんでも男の甲斐性《かいしょう》と結びつけてしまいがち。セックス特集もそうだけど、「もっと喉渇け、喉渇け」と煽られ、乗せられやすいのかもしれないですね。それ、自分の欲望じゃないかもしれないのに。

田中　そうですね。だから、煽られっぱなしでいいのか、このあとも乗せられて生きていくのかということです。人生後半もそれでいいのか、ということを本人に考えていただきたい。

男の「実存」がゆらいだときＤＶが起こる

小島　いまオーストラリアではＤＶが、非常に大きな社会問題になっているんです。

資源バブルが落ち着き、失業者が出たりしていることも背景にあるようですが、どうも「だって男の子だもん」的な価値観が強いことが原因らしい。

この前ラジオの討論番組を聴いていたら、ある専門家が「多くのDV加害者はそれをDVだと思っていない」と言うんです。「怒鳴ったり、殴ったり、束縛したりすることは暴力でしょう」と言われても、「いや、でもティーンのときってそういうことがあるだろ？　男っていつまで経ってもティーンのままなんだよねっ」なんて言うらしいんです。もう、ありえませんよね。けれど、「あ、世界共通なんだ」とも思いました。それを許している背景が、家庭にも、社会の中にもあるんだろうなと思う。実際、私の知り合いのオーストラリア人女性はよく、小学生の息子が乱暴なことをしても「男の子ってこうよね」って目を細めたりしている。

田中　いまのお話を聞いて、二つの点を考えました。一つは、「いつまでも少年なんだ」と思っているという点です。「自分がしていることは暴力じゃない、ティーンだからしかたない」と思っていることが一番の問題です。もう一点、暴力は「自分が何者か」というところの不安、心が揺らいだときに発生するという話です。オーストラリアにそこまでＤＶが広がっているというのは、オーストラリアの男性が自分を支えている部分、それが所得なのか仕事なのかわかりませんが、その部分が揺らいでいるのではないかということです。

そしてこの問題はいまの、日本でまさに起きていることです。非正規雇用の中年男性が増え、フルタイムで働いていても給料が減っている人が増えてくる。しっかり対策を取らないと、男性の実存のようなものが揺らいだとき、子どもとか女性に被害が及んでしまう可能性が高くなります。暴力をふるう男性に支援は不要、という立場もあります。けれど、放置しておくと、結局女性や子どもといった弱い部分に被害が来てしまうんです。そういう男性が暴力に向かわないようなプログラムをつくることは非常に必要なのではないか、という気がします。

小島　男性に対して、その「実存」について言っておかないといけませんよね。「男性が男性らしくなくていいじゃないか」「あるべき『男性』から外れてもいいじゃないか」と本気で言ってあげないといけないでしょう。

田中　男性は最後の最後は暴力が拠り所になってしまう。女性と比べて男性が相対的に強いものは肉体、筋肉ですからね。

小島　そういえば、この前衝撃的な話を聞きました。ある五十代の男性と話していたら、彼が「殴ろうと思えば殴れる、殺そうと思えば殺せる。だけど、それをしないでいる時点で、男は女の人に対してある種の〝ゆるし〟をしているんだ」というのです。女の人はそれに気づかず本当に対等だと思っているけれど、男にしてみれば本当に対等に戦ったら絶対勝てるわけだし、殺すことだってできるのに、それをやらずにいるという点で、「ずいぶん女性に譲っている、という意識がある」というわけです。それを聞いたときに、「ええっ？　そんなこと考えてるのか⁉」と思いました。

田中　なにそれ、じゃあ女は「殴らないでいてくれてありがとう」と思えと⁉

小島　それは恐ろしい発想ですよね。だとしたらたとえば、日本人男性は欧米人の男性に比べて筋力が圧倒的に弱いので、欧米人の男性は「お前のことを殺そうと思えば殺せるけど、殺さないのだから許している」という社会になってしまう。

小島　そうですよね。ただおそらくその方は、「俺は殴ろうと思っても我慢しているもん」という意味で言ったのではなく、メタファーとして言ったのだと思います。でも、私にとってはけっこう衝撃でした。たとえば私が子どもと接しているとき、「私はこの子を殺そうと思えば殺せるのに、あえて殺さない関係だ、だからこっちが大目に見てやっている立場なんだ」とは思いません。

田中　思わないですよね。

小島　まったく思わない。それを持ち出してきた彼の心理はある種歪《ゆが》んでいるといいますか、なかなか根深いなと思います。自分が身体的に、圧倒的な優位に立って人と関係を結んだとき、それが親と子だったら庇護だけれど、男女では違ってきます。男女関係で「二人は対等ですよ、別れても付き合ってもいい」というとき、暴力を封印していることによって、相手に自分は一歩譲っているんだという意識が、男性には潜在的にあるのだろうか。いわば女には貸しがあると思っているんだろうか、と衝撃でした。

話を聞かない男たち

田中　先ほどのオーストラリアの例でおっしゃっていた、「いつまでも少年」だと思っているという発言もそうですが、ＤＶは男性側がそれを暴力ではないと思っているところが一番問題だと思います。

小島　認識がないというところですね。

田中　そうです。セクハラも同じですが、「そんなつもりじゃなかった」という言い訳をする人たちです。

先日市民講座でワークショップをやったときに、「男性と接していて困ること」というテーマで話してもらったんです。その参加者の二十代の女性が、「会社を辞めたい」と上司に相談に行ったら、「なぜ辞めるなんてことを考えるのか」と言われたそうなんです。つまり、そもそも「辞める」と考えたことを否定されてしまったから、それ以上相談できなかったということです。彼女が「辞めたい」と言ってきているのは事実なのだから、普通は「どうして辞めたいの？」と、辞めたい理由や心情を聞きますよね？　それなのに「あなたがそもそも辞めたいと考えたことが間違いだ」と全否定されてしまったので、もう話す気がなくなってしまったんです。

僕は、まったく同じとは言わないまでも、この話にはＤＶと共通している部分があることがあるのです。まず結論があってそれを押しつけるだけ、相手が訴《うった》えてきていることをそもそも聞こうとしていない。夫婦の問題でも、「夫に話してもしょうがない」という妻は、自分が何を言っても夫は聞いてくれないと絶望しているわけです。夫が「それはこうだよ」と決めつけてしまうからです。僕は、男性がちゃんと女性が話していることを聞けるようになれば、だいぶ関係が改善されるのではないかと思っているのです。

小島　なぜ彼らはそういうふうに決めつける、話を聞かないようになってしまったのでしょうか。

田中　ただ、いま言ったことは社会で求められている能力でもあるんです。ある程度能力が高い人はいろいろなパターンを知っている人ですから、そのパターンに当てはめて処理できる人は「頭がいい」と言われます。物事の処理は、ある程度自動化していかないと生きていけないからですね。ただ、その自動処理をコミュニケーションの場面でやると本当は駄目なのじゃないかと思います。

小島　その自覚がないんでしょうね。

田中　先日、田中哲司《たなかてつし》さんと志田未来《しだみらい》さんが演じた、『オレアナ』というセクハラを巡る芝居のトークショーに出たんです。志田さん演じる女子学生が訴えていることに対して、田中さん演じる男性教師が自分が知っているパターンに終始はめようとするんです。「テストの点数が悪かった」と相談に来たから、「じゃあ、Aをあげるよ」というふうに、彼女の話を何も聞かず、彼が知っている困った学生が来たときの処理をあてはめていった。すると、彼女がセクハラされたと訴えるというお話です。

おもしろかったのは、ある程度権威や立場のある人がパターンに勝手に押し込めると、相手もそれを受け入れてしまうというフェーズが出てくる点です。市民講座で聞いた例でも、上司の全否定に対して彼女は引き下がってしまうわけじゃないですか。そこで、「いや私はこういう理由で辞めたいんです」とはっきり言えなくなってしまうんですね。ということは、そもそもの立場の上下があると、相手の話を聞かなくても済んでしまう。だから社会的な地位のある男性ほど、「相手の話を聞いていない」という自覚が持てないのかなという気がします。

男の「強さ」とは何？

田中　この本のテーマは「男の不自由さ」なんですが、男が変われないでいるのか、女の人が求めてしまっているところもあるのかという問いが出てきますね。

小島　「私はこんなに男並みに稼いでいる特別な優秀な女なんだから、やはり私のパートナーも優秀じゃなければ」という女の人は多いと思います。実は私自身もそうでしたけれど、すごくアンフェアですよね。本当なら世帯収入分を自分が確保できているのだったら、相手に求めなくてもいいと思うのです。けれど、「私は並みの女じゃないんだよ、相手だってそれに見合う人を」という意識が私にもあったんですよね。男の人は、逆に奥さんの収入が多かったらラッキーと思っていたりするんでしょうか？

田中　一部には、ラッキーと思える感性を持つ男の子も出てきました。でも、うーん、いまの若い人でも、「彼に守ってほしい」とか、あるいは男の子は「俺が彼女を守る」と言ったりするのを「いい話」だとしているんです。

小島　いまだにそうなんだ。

田中　全然「いい話」じゃないと思うんですよね。家族でも恋人でも友人同士でも、頼りにし合うのはいいんですが、一方的に助けてもらったり助けてあげたりという関係はよくないと思います。やはり男がリードして、女がリードされるというのは、いつもリードしなければいけない男はしんどい。

特に僕はそういう性格ではないので大変嫌です。でも、二十代の女の人だと「強い男が好き」という方が多いんです。

小島　何でしょう、「強さ」って？

田中　そう、僕も気になったのでいろいろな人に聞いたのですが、本当に「喧嘩《けんか》が強いのが好き」という人もいる。殴り合いが強い男が好き、という人がまだいたんです。

小島　そうなんですか。逞しさ、筋肉が、自分にないからでしょうか。

田中　筋トレをしていれば体は逞しいですけれど、筋トレしている人が必ずしも喧嘩が強いわけではない。そうではなく、「喧嘩が強い」のが好きだという意見があったので驚きました。中学時代に不良のリーダーとつき合っていた女の子は、番長の彼女だと彼氏の子分の男の子たちが、自分にペコペコしてくれるのが快感だったと言っていましたね。ほかの意見では、「強い」といっても経済面であったり、リードしてくれるという面がありました。

小島　典型的な「頼れる男」のイメージですね。

田中　どうやって見極めているのかわからないですけれどもね（笑）。大人になって殴り合いの喧嘩はしないけれど、ただ僕は男ですからわかる部分もあるんです。

小島　どういうことですか？

田中　たとえばある人に「格闘技をやっています」とか言われたときに、最悪、僕はこの人に殺されたりもするんだなと考えてしまうんです。さっきの「殺そうと思えば殺せる」という話ではないですが、もし何かトラブルになったら物理的に負けるんだよなと思う。一瞬従順になる自分がいますから、やはり男同士の関係性の中では、「喧嘩は強い」ということに一定の効果はあるんです。それを魅力的だと思う女の人もいるでしょう。僕は本当に殴られたり、喧嘩することが嫌なので、余計にそう思ってしまうのかもしれないですけれども。

やむにやまれぬ渇きのようなものが必要である

田中　男の人について語っていると、やはり暴力の話は繰り返し出てきてしまいますね。男という性と暴力は切り離せないといいますか。海外の研究でも、体が虚弱な男の子の自己肯定感の弱さというのは指摘されていることなんです。

小島　そうなんですか。

田中　はい。たしかにアメリカの社会が変わってきているようで変わっていないのは、いまだにマッチョがある程度の影響力を持っていることだと思います。日本でもそれはおそらく同じなんです。最近、僕が立て続けに取材を受けたのは、名古屋の動物園にいる「シャバーニ」というゴリラがイケメンだと評判なのはなぜか、という話題です。最初は中日新聞で、次はウォール・ストリート・ジャーナルからコメントを求められました。まずゴリラは物理的に強いですよね。

小島　肉体的に、強いですよね。

田中　はい、自分は本当にガリガリな子どもだったのでよけいに思うんですよね。

小島　それに、ニホンザルと違って「群れない」というイメージも魅力よね。実際はゴリラも群れを作りますが、動物園ではサル山よりも明らかに孤高っぽい見え方ですから。

田中　そうですね。

小島　あんなにガタイがよくて、一人で寡黙《かもく》。そのあたりが、「キャッキャッ」言って群れてるニホンザルのリーダーよりも魅力的なのかもしれない。

田中　そうなんです、やはり男らしいんですよ。ただ、ガタイがよくて、スポーツができて、そんなに努力もしないであがめられていると……。

小島　よろしくないと思う。見た目で女が寄って来ちゃうと、俺ってこのままで全面的に受け入れてもらえてるんだなあ、というお子様マインドが抜けませんから。モテ男子は要注意ですね。

田中　人生って序盤《じょばん》がいいからといって、ずっといいわけじゃないですからね。

小島　やむにやまれぬ飢え渇きみたいなものは、人間にとって絶対に必要だと思うんです。どんな場面においても、人と自分をつなぐ最後の拠り所をつかもうとすること。それは言葉であったり、絵や料理で表現することかもしれない。私とあなたはまったく違うけれど、私とあなたをつなぐ価値のあるものを私はあなたに提供できます、というところしか最後に残らないじゃないですか。自分が疎外されている、取り残されている、何らかの少数派であるというような焦りや渇き、孤独があったときに、初めてそれをつかみにいくわけです。人生のどこかの場面でそれを経験するのは、男女にかかわらず、私はとても大切なことだと思います。

親は、子どもがそんな経験をしないように囲い込みがちですが、そうすると自分から他者に向かって橋を架ける力を徹底的に奪うことになります。ただ、そうやって渇きを経験せずに育った人のプラス面として、自己肯定感が非常に強いというのはある気がする。

田中　自己肯定感の強い人は、生きていくうえで有利という気がしますけどね。

小島　実は私の夫がそうなんです。甘やかされて育って、「勉強もちゃんとしないでまったく」と腹が立つのですが、自己肯定感がとっても強い。すると、屈折して自己否定してばかりの私より、私にさんざん言われても平気でいる夫のほうが、生き物として強いのではないか？　とも思えたりして。

田中　たしかに、精神的に追い込まれることは少ないのではないかと思います。

小島　それで、結局あの人についていこうということになる。というように、自分から人と自分をつなぐ言葉を差し出さなくても、相手が自分を受け入れてくれるものだから、彼は何とかやってこられたんですよね。ただ、私と結婚したことによって、彼は初めて自己肯定感を突き崩され、完璧だと思っていた世界からずるずると引きずり出されているわけです。気の毒な気もします。

イクメンバブルとモテ

田中　子どもが生まれてしばらくして外に出かけられるようになったので、この間初めて二人で散歩に行ってみました。きれいに抱っこ紐《ひも》をしているか、鏡に映して見てしまいました。抱っこ紐をしている僕はどんな外見をしているんだろうなと。

小島　映してみて、どうでしたか？

田中　もう少しファッション的にカッコよくできないかなとか思います。抱っこ紐をしているとジャケットとか着られないじゃないですか。よだれが垂れたりしてしまうので……。

小島　さっきのゴリラの話じゃないですけど、田中さんは体を鍛えているから、大丈夫。ぴったりめのニットやTシャツを着て胸に抱っこすると、子どもに視線が行ったついでに大胸筋にも視線が行き、ポイントが上がります。しかも平日の公園で、パパは孤高。

田中　なるほどですね。参考にさせていただきます。だから、やはり怖いですよね。小島さんが言っているように、どんな場面でも競ってしまうというところは、僕もほかの男性と同じようにあるんです。

小島　見ていると、本当に所帯じみた格好で自転車をこいで、おぶい紐で、髪を振り乱しているお父さんがいる一方、超スタイリッシュなお父さんもいるんです。そのあたりも女性と同じで、すごく興味深いですよね。

田中　散歩しながら、いま僕ってすごくいいお父さんに見えているんじゃないかと考えてしまうんです。

小島　昼間そうやって散歩していると、同じように散歩しているお父さんはいるのですか。

田中　うちの近所にはいなかったですね。

小島　誰かに話しかけられたりするの？

田中　それはなかったです。でもやはりまだ本当に小さいので、見てくる人とかはいるんですけれどもね。

小島　私はいま『小説新潮』で連載しているのですが、その小説の初回にまさにそういうシチュエーションを書いたんです。公園でお母さんたちが子どもを遊ばせていると、そこにちょうど田中さんのところくらいの年齢の子どもを抱っこした男が散歩に来るんです。女性たちは異性として意識しつつ、「わあ、赤ちゃん、何カ月ですか」などと群がってくる。群がられたときの男の気持ちって、どうなんだろうなと思っているんですが。

田中　すごくいい気分なんじゃないですか。今度、息子と公園に行ってみます。

小島　女の場合は、公園に行くときは戦々恐々《せんせんきょうきょう》です。絶対に子どもを連れた女がいるはずだから、自分が新参者として仲間に入れるかという恐れです。でも男性は最初から異端で、しかも基本的に褒《ほ》めてあげるべき存在だと思われているから、すごいアドバンテージです。絶対歓迎されるに決まっている立場でそこに乗り込んでいくわけでしょう。しかもメスの多いところにオス一匹。それは女にはなかなか経験できないことなので、どういう気持ちなんだろうと思います。

田中　勘違いしてしまいそうですね。

小島　本当にそうなんですよ。昼間、子どもの散歩ができる男の人はまだ多くないわけですから、ライバルはほぼいません。すごい、もう豊かな漁場に乗り込んでいくようなものですよ（笑）。なんでもいいからとにかくモテたいなら、子どもを抱いて昼間散歩してみろと。

田中　人生の中で、女性に囲まれるなんていうことはそうそうないですからね。僕の経験だと、ｉＰａｄを発売日に買って、それで女子大で授業をしたら、講義の後に「見せてください、さわらせてください」と囲まれたことが一回あるぐらいです。

小島　あはは、そうですよ。しかも褒められるわけです。「素敵ですね。うちの旦那とか全然手伝ってくれなくて」なんて言っている女のうち、半分以上がセックスレスですよ。

田中　そこで僕が「いや、普通ですよ。これくらい」と言う。

小島　「え、すごーい」（瞳孔開く）みたいな（笑）。先生、身をもってそのテーマで論文の一本でも書いてほしいですね。

田中　そうですね。公園に行ったら報告します。

小島　いま男の人が置かれている立場からいって基本歓迎されるし、モテ面でも結構期待できる、世の中からもよくやっているとか言われるし、羨ましいです。

田中　イクメンバブルですね。

小島　バブルね。そう、バブルです。ただし、無職ではダメで、育休中とかテレワーク中とか、あくまで有職アピールがないと引いちゃう女性も多いでしょうね。女性が仕事辞めて公園デビューしても何も言われないのにね。ここがまた、根深いところです。

保育園というモテの場

小島　子どもの送り迎えをひんぱんにしている男性のディレクターや放送作家さんに聞いたことがあるんです。保育園の先生は女性が多いし、たいてい若いでしょう。二十歳くらいから働いているから、すごく若くて、女から見てもかわいいなと思う先生もけっこういるんです。今日合コンなのかなとか、意外とエロいんじゃないかとか、女の私でさえ妄想が広がる。男の人が意識しないわけがない。

加えて、子どもたちのお母さんがたくさん迎えに来ているじゃないですか。これも私の心の「オヤジの目」で見ると、グッとくるお母さんがいるんですよ。セックスレスじゃないかな。でもすごくエロそう。どうしているんだろう……という感じです。

だから彼らに、実はすごく男を意識しながら、保育園に行ったりすることはないのかと聞いてみたんです。そうしたら一人は「僕はキャップをハットに被り替えるために、一回家に寄ってから迎えに行ったことがあります」という。もう一人は、送っていったとき「じゃあな」と格好をつける。それは子どもじゃなくて、保育士さんやほかのお母さんの目を意識している、と言うんです。もう、私の予想どおり。妻にしてみたら、何やってんだこら、でしょうけど、送り迎えをすることでそういう世界も広がるのですよ。

田中　そんなことがあるんですね。

小島　実は私は、ちょっといいなと思うよそのお父さんを、けっこうガン見していました。娘が駆け寄ってくるのを抱き留めて、荷物を詰めている背中を見て、いい背中だなあとか思って見ていましたね。だから保育園の庭は決して清く正しいパパとママの愛にあふれた場所というわけではない、意外に欲望の渦巻く場所でもあるんです。本当におもしろい。

田中　みんなスウェット上下とかでお迎えに来るわけじゃないんですね。

小島　スウェットも、スーツも、いろいろ。男女問わず、どんな格好でも、必死で子どもを迎えに来る親はかっこいいですよ。テイストの違いはあれ。

田中　帽子を被り替えていくお父さんもいる。

小島　そうそう。下心はゼロにはできないのね。

田中　僕は大学の教員ですから常に接点がありますけれども、一般の会社の方は二十歳前後の女性との接点はあまりないですものね。話す機会がないでしょう。

小島　それが保育園では、あるんですね。しかも共通の話題が子ども。「何とかちゃんパパ、何とかちゃんは今日、すごくいい子だったんですよ」とか。そういうチャネルで話すのはほかにない関わり方ですよね。妻以外に、自分の子どものことを真剣に分かち合える女性ですから。その親密なチャネルで若い女の子と毎日のように、下手したら朝晩話す。そこには子どもという大義名分《たいぎめいぶん》もあるわけです。

田中　大義名分があるのは大きいですよね。

小島　この子を健全に安全に育てるために、あくまでも私たちは話し合っているんですという……ほら、エロいでしょう。

田中　そう言われると、自分がどうするかと考えたとき、着替えて行ってしまうかもしれないですね。

小島　でしょう？

田中　ジャージでは行かないかもしれないです。

小島　いつも会う先生が結構かわいくて、好みのタイプでね。

田中　違います、違います。そういう接点を持ちたいというよりも、何て言うか男の人にとって、女性の目は大きいんですよ。女性から自分はどう見えるのかというとき、褒められなくてもいいんですけれども、汚らしいとは思われたくないと思います。「おじさん」とは思われたくないという気持ちはあります。

小島　子育ての現場は、極めて所帯じみやすいシチュエーションです。もっともセクシーさから遠い状況で、子育てという大義名分にのっとってモテようとするというのは、なかなかチャレンジしがいがある。子育てをやらないダメ男に見えてもいけないし、ナンパしてやろうという姿勢が丸出しだと警戒されます。

田中　それは気持ち悪い。

小島　気持ち悪い。「すごくいいお父さん、すごくいい旦那さんで、すごくちゃんとしているな」と思われつつ、ちょっといいなと欲情されるような塩梅《あんばい》を目指すのは高度です。ちゃんと家事もしつつ、子どもの面倒を見て、しかもイケメンという……。

田中　新たな競争が始まってしまいますね。「そこでモテる俺」みたいな。

小島　くだらないけれども、若い女の子に金と肩書きをちらつかせてモテようとするよりは、モテで登るべき山としては、より高い山を目指す感じでいいんじゃないですか。

田中　付き合いたいとか不倫したいと言っているわけじゃないですものね。

小島　そう。モテたいだけ、認められたいということでしょう。金と権力で、すぐにモテを手に入れられる低い山を目指すより、いま言ったような、かなり難解な、高い山を目指すわけですよ。

田中　なるほど。

小島　育児コミュニティの中でモテを目指す。

田中　かぎりなく妄想に近く、不倫と違って実害もないうえに、しかも楽しそう。それはいいかもしれませんね。

小島　保育の現場でのモテは、何しろそこでは子どもの幸福が絶対ですから「いいお母さん、いいお父さん」を踏み外してはいけない。それを踏み外そうとしている奴は警戒されるわけで、そこは絶対に抑えつつ相反《あいはん》する欲情を相手の中にどう掻《か》き立てるかという上級編ですね。金と肩書きでのモテをクリアした人が次に目指すべき山としては、本当に男にとっても女にとってもいい山ではないかと思います。

モテ、イコール、セックスではない

小島　モテ、イコール、不倫ということでもないのでね。

田中　そうじゃないですよね。ある一定の割合で、モテはセックスすることだと思っている人もいるので、その価値観からぜひ脱却《だっきゃく》されたほうがいい。

小島　十代じゃないんだから、お前、何人とやった？　みたいなのはくだらなすぎる。歳を取って少しお金ができて、金と肩書きで若い子を、というのは端的に言って、ダサい。それは頭を使わなすぎ。

田中　ダサいですよね。大切なことなので、繰り返します。女性を一人の人間として見れないなんてダサいですよ。

小島　ダサすぎる。

田中　そうなりたかった、というのもあるんでしょうね。若いときに我慢してきたから、いずれ権力とお金を手に入れたら、そういうことをやってやると思ってきて……きっといまやっているのでしょうね。

小島　性的に能力が高い、またはセックスのパートナーが多数いるということで、たとえば自分は出世できないというところを補ったりするという心理はあるわけですか。

田中　どうなんですかね。でもいまのお話から言うと、お金と権力を使わないとできないということは、社会的な出世や地位と比例している……。

小島　じゃあ、出世できない人はそもそもモテ自慢もできないんですね。

田中　そうなってしまいます。

小島　結局、自分と同じくらい出世して、同じくらい成功している男性に対して、性的お盛《さか》んぶりを見せびらかすわけですか。

田中　そうでしょうね。

小島　では、出世はイマイチだけどモテ感を味わいたい人は、やはり子どもを抱いて街へ出るといいですね。モテるといっても、おもに子持ち女性にですが。真剣に育児する男は、本来の意味での「草食男子」、女性を獲物扱いしない人としてもリスペクトされます。とはいえ大人の男女なので、微妙な緊張感はあるかもしれないので、ちょうどいい刺激では。先ほど言ったように無職でさえなければ、ポイント高いでしょう。本当は、無職だろうとそうでなかろうと子どもを育てるのは立派なことなんだけど、そこがまだ女性の側の課題ですよね。ただまあ、男性にとって新たな地平が開けたと見ることはできるような気がします。

第4章

育児をするということ

「母殺し」のためにも育休を

田中　僕は今年の一月に父親になったばかりなのですが、世の男性はどうして育児休暇を取らないのか、とつくづく思います。奥さんが里帰りしている場合は別として、もし家にいるならば、絶対に取るべきです。僕は一月中旬に子どもが生まれて、二月から三月にかけては大学が春休みだったので、その期間は、ほとんど家事と育児をして過ごしました。そばにいたからこそよくわかったのですが、産後、女性の体はとてもダメージを負っているし、精神的にも不安なんです。夫が仕事から帰ってくるまで、一日中、赤ちゃんと二人きりで生活をしている女性たちは、どう過ごしているのかと思います。

小島　超不安です。ずっとドキドキしながら過ごしてました。

田中　多くの父親はその姿を見たことがない、見ないから知らない。自分の妻が置かれていた過酷な状況も見ずに、五十、六十になった人が、少子化や、これからの家族の在り方などを実感を持って語ることができるのかと思うんです。

小島　誰かの子どもである僕から、誰かの親である僕に生まれ変わるためにも、育休を取ればいいんです。男が育休を取るのは、もっとも平和的、かつ穏便、かつ実りある母殺しですね。だって実際に子どもが泣いた、おしっこするとか、体験しますから。庇護される自分から、庇護する自分に生まれ変わらざるを得ない。

田中　子どもに関しては、ある程度想像がついていたところがあるのですが、妻がここまで大変なんだというのは想像できていませんでした。でも「男は仕事、女は家庭」でやってきた世代の男性に聞くと、「いや、うちの奥さんは退院してすぐ掃除してましたよ」みたいな人もいます。それをさせるような、男の行動が問題なのですよね。サラリーマンである夫は会社にとられてしまうから、妻はどんなに体がきつかろうが、不安だろうが、一人でやらなければいけなかったわけです。それがかつては当たり前というか、極端にひどいケースではないんですよ。

小島　産後、悪露《おろ》（出血）も治まっていないし、傷もふさがっていないですしね。それに骨盤や筋肉が緩んだ状態で無理をすると、体がきちんと元に戻らずに、将来、尿漏れするようになったり、子宮が外に出てきてしまう原因になってしまうんです。だから、本当はしっかり休んだほうがいいそうです。

田中　妻によく言っておきます。でも、自分が動きたいという気持ちがあるみたいです。

小島　私もけっこう動いてしまったりしたんです。腰バンドをきつく巻いて。でも、無理するとほんとに子宮がぐーっと下がってくるような感じがしたり、疼《うず》いてつらかったです。

田中　絶対に動かないほうがいいですよね。そういうことを、多くの男性はわからないわけじゃないですか。わかろうとしなかった。よく無視してきたなと思いますね。最近はイクメンという言葉も浸透してますし、育児がいかに大変かという情報は広まっている気はします。ただ、子育ては本当に二四時間勤務じゃないですか。そして、ずっと続いていくわけですよね。

小島　会社から切り離されて社会から孤立する感じも、ぜひ味わったほうがいいと思います。そのとき一緒にいられる人は、世の中にたった一人、パートナーの存在なんです。

育児を知れば社会が変わる

小島　男の人に限らず、子どもを持ったときに自分の母親から聞かされるのは、おそらく子育て武勇伝でしょう。「子育てってていいものよ。いろいろ大変だけど、でも大丈夫よ」という、どちらかというと全部事が済んだあと、編集されたお母さんの子育て物語を聞かされるでしょう？　それが刷り込まれてしまって実体験が伴わないと、いま実際に奥さんが身をもって紡《つむ》いでいる物語と乖離《かいり》するわけですね。「おふくろだってこうだったんだから、お前もできるだろう」となってしまう。

いやいや、それ、あんたの母親の脳内編集で、いいとこばっかりつないじゃってますから。だから育休を取って、自分の母親から聞かされるのではなく、自分なりに子育ての苦労を発見していくという作業をすることが一番いいのだと思います。

田中　そういえば、先日博報堂に勤務する女性たちが運営している「リーママプロジェクト」が主催した、働くお母さんを応援するイベントに招かれたんです。本当は僕が講演をしたあと、ワークショップにも参加する予定だったのですが、講演のあと帰ってもいいと言われました。そのとき、出産した妻が退院してから数日しか経っていなかったのです。

それでプログラムを組み直してくれて、僕は話だけしたら帰っていいことにしてくれたんですね。しかも、もともと僕が話すコーナーはプログラムの中ほどにあったのですが、前半に持ってきてくれた。働くお母さんたちは、自然に配慮をしてくれるわけです。だから産後の女性の大変さをわかっている人が会社に増えたら、状況は変わっていくと思うんです。

小島　素晴らしい！　わかってくれる人が増えるといいですよね。子どもが二人いると、よく続けて熱を出したりするんです。上司に、「すみません、子どもが熱を出しました」と言って休ませてもらい、さらに中三日おいて、「すみません、今度は下の子が……」となる。男性の上司や子どものいない上司だと、「管理をちゃんとしないから」というようなことを言われてしまうんです。「じゃあお前はウィルスが目に見えるのか」と、言いたくなりましたよ。子育てをしている人はみんな、発熱リレーとか地獄のような思いをしています。

育児休暇はプチ定年

小島　私、会社員時代に労働組合で副委員長としていろんな制度づくりに携《たずさ》わったんです。子育て、あるいは介護をしていると、介護休暇や子育て休暇が一日単位でしか取れないことが無駄だとわかるんです。予防接種や健康診断だけだったら半日でいい。それなのに、五日間の休暇があって、一日単位でしか取れないとなると五回しかチャンスがないんです。もし半日単位で取れれば、休暇の日数は同じ五日でも一〇回チャンスがある。さらに時間単位で取れたら、何十回も使えますよね。

けれどそのことがわかるのは、やはり子育てや介護の経験のある人だけでした。子育てをしていないと、「五日も休暇をあげてるのに不満なの？」という理屈になるんです。育児の当事者が管理職になれば、何を優先すべきか、同じ制度でもどこを工夫したらもっと使いやすくなるか、「カンどころ」のある上司が増えるかも。

田中　本当にそう思います。それに休暇を半日や時間単位で取れるようになるということは、子どものいない人にとってもメリットがありますよね。フルタイムで働いていると役所や銀行、病院に行きにくいじゃないですか。二、三時間だけ休めれば、忙しくても会社から役所や銀行、病院に行けますよね。朝から夕方まで会社にいなさい、という制度は、子育てや介護をしている人はもちろんですが、本当は誰にとっても、かなり無理がある仕組みだと思います。

小島　そうですね。自分である程度仕事を配分して、時間単位で休めるようにすればいい。

田中　誰にとっても、その見直しはメリットがある気がします。

小島　男女にかかわらず、育児休暇を取って育児に関わったり、時短勤務にしたりと、働き方をいままでと少し変えてみるというのは大きいですよね。その経験を持ったうえで職場に戻ると、「この制度は合理的じゃない」という視点が出てきますよね。違う場所から職場を見ることができる。

田中　そのとおりだと思います。

小島　私は長男のときに九カ月くらい、次男のときは半年くらい休んだんです。後から考えれば、それまで自分はマスコミの最先端で働き、日本で一番忙しくて広い世間を見ている仕事をしている、とおごっていました。

ところが仕事を休んでみたら、区役所や保育園や、自分の全然知らない世界がいっぱいあった。保育園には、いろいろなお父さん、お母さんがいます。私は会社にいて、広い世間を見ているつもりになっていたけれど、地元でこうやって過ごす世界のほうがよほど広かったと気がついたんです。何冊も本を読むより自分にとってよほど説得力があって、要するに私は世間知らずである、という自覚を持ったうえであらためて働けたことはすごく財産になったんです。

田中　これまで見ていなかった世界が見えるわけですからね。やはりフルタイムで働いていると会社だけが世界のすべてになってしまう。

小島　男性はなかなかそういう機会がないでしょう。朝晩の満員電車から見る世界、あとは飲みに行く、日曜日に子どもを遊園地に連れていくくらいですよね。もしもっと区役所に行ったり、ご近所の人とのやりとりや、マンションの管理組合に出るなどという体験をしたら、ビジネス書を何冊も読むよりもはるかに気づきが多いと思います。

田中　男性でそういう経験のある人は、多くの企業でダイバーシティの推進が課題になっているわけですから、将来有望だと思いますよ。

小島　それに、定年で仕事を辞めてから初めて「よし、この世界で生きていこう」と思った人は、宇宙空間に放り出されたようなものですよね。でも、育児や介護で仕事以外のステージを経験していれば、つまり仕事をしている自分と、地域で生きている自分は並走しているのだ、という実感を持っていれば、定年退職後に茫然とすることはない。そこは初めて見る世界じゃなくて、元からあった世界ですから。育児休暇は、「プチ定年」みたいなものです。その期間だけ会社から切り離されるわけですから、いい予行演習にもなりますし、子どもを連れて小児科へ行く、児童館へ行く、そういう体験をたくさんしてほしいですよね。

「イクメン礼賛」では変わらない

小島　最近危惧《きぐ》しているのは、「イクメンこそが素晴らしい」というような空気が出てきていることです。私がいま連載している『VERY』という雑誌は、主婦であることに価値があるというテーマの雑誌です。それまで主婦というのは何の生産性もなく価値がないと言われていたけれど実はそうではない、と打ち出した。創刊された二〇年前というのは、主婦たちがそう言わずにはいられなかった状況でした。それまで「働く男に価値がある」だったのが、ついに「働く女に価値がある」と言われ始めたとき、専業主婦の人たちが危機を感じたんです。「働かないことが無価値だと言うな、働かないからこそ価値がある」という雑誌のメッセージにすがったのでしょう。

しかし、そんなＶＥＲＹ読者もいまやおよそ半数が働く女性と聞きました。もう、どっちがえらいとか言ってる場合じゃないんですよね。どっちを選んでも幸せになれる世の中にしたいって、女性は切実に感じている。

女性が二〇年かけて乗り越えつつある「働く女と育てる女はどっちがえらい」という不毛な問いを、いまさら男性に繰り返さないでほしいのです。「イクメンはえらく、仕事人間はアホ」ではなく「稼ぐ男もあり、家事する男もあり、両方あっていいじゃない」という言い方に変えていかないと、結局歴史は繰り返すだけです。男の人がこの先二〇年かけてそんな不毛な戦いをやるのなら、時代は何も変わらない。

田中　そう思います。そもそも、自分がイクメンであることを本当に誇りに思っているのなら、一生懸命に働いている人を見下す必要はないはずです。

小島　だからいまはすごく大事な時期で、田中さんのような方に一生懸命メッセージを出していただきたいです。最近「イクメンの俺が意識高くて、えらい」みたいになる、男の人のよくないところが出てきていると思います。男に勝つための育児なのか⁉　それって、女がさんざん苦しんできた「他の女に勝つための育児」の二の舞ですよ。子どもはアクセサリーじゃないんだから。女性は本音がむき出しにならないように、「すべては子どもを思ってのこと」と、都合よく母性神話を隠れ蓑《みの》にできるけど、男性は競争心がむき出しになっちゃう。

田中　それが、やはりかわいそうだなと思うんです。多くの男の子は競争を続けるように仕向けられて育ち、女の子は協調性を持てと育てられています。この「競争」と「協調」というところがとても大きい。「競争」は、自分はもっとできるという高い目標を持つというういい面もありますが、こじらせてしまうと自分の価値基準を内面につくるのではなく、外と比べてどうかという基準しか持てなくなってしまいます。それぞれのゴールがいくつあってもいいはずなのに、「一等賞」を決めなければ気が済まなくなってしまうんです。

小島　勝ち負けをはっきりさせるんですね。

田中　そう。「イクメン」の話でいえば、「社畜はダメだけれど、家事、育児もやる奴はえらいよね」という競争を始めるわけです。

小島　でも、両方ちゃんとやるのは苦しいよ。よっぽどのスーパーマンでなければできない。女がそのイバラの道を歩んできましたよ、すでに。

田中　だから小島さんがおっしゃるように評価の軸が複数あっていいんです。他人から見て価値がないことでも、自分の中に価値があると思えればいい。

小島　男の人も女の人も協調の精神を持てば、うまくいく場面がいくつもあると思います。たとえば家の中も、「稼ぐ人が一番えらい」のではなく、お互いに協調して家の中が回ればいいじゃないですか。とりあえずいま稼げる状況にある人が稼げばいいし、いま家事をできる人がやればいい。それは一日のうちでも変わるし、一生のうちでも変わるだろう。協調した結果家族がうまく食えていけるなら、それでいいじゃないかということですよね。それは会社も同じだし、世の中も同じでしょう。

マスコミが植え付ける性別役割分担

小島　オーストラリアではテレビで「ハウスハズバンド」というコメディが大ヒットしたらしいです。男の子育て奮闘記に共感する人が多くて、でもって、まだドラマになるぐらいの新しさはあるんでしょうね。ニュースでも「孤立しがちな男性の育児をどうネットワーク化していくか」という特集があったり。日本に比べれば、ジェンダー的な垣根がだいぶ低いのだと思います。

平日のショッピングモールにベビーカーを押した男性が普通にいます。だからスーパーで買い物している夫も、まるで浮かないです。共働き家庭も多いし、失業保険も手厚いので、失業したり、転職したいとき、主夫をしながら次に備えるという男の人がけっこうな数いるらしいのです。

田中　家事ができないと生活が回らないですものね。

小島　生きていけない。

田中　生きていけない。そういえば、妻が妊娠していたとき、妊娠中に女の人が読む雑誌や本を見たんですよ。すると、「自分が入院したあと夫が困らないように、料理を作って冷凍しておきましょう」というような内容が書いてあるんです。

小島　気持ち悪い。

田中　そうなんですよ。自分で作ればいいじゃないですか。「事前にやっておくこと」みたいなリストに入っていました。

小島　そんなことを雑誌に書いたら、みんな真に受けちゃいますね。

田中　せっかく若い世代の意識が変わってきても、まだそういう雑誌などを作っている人たちの頭が変わっていない。「性別役割分担をしましょう」というメッセージなんです。

小島　マスコミ社会はまさに男性優位、仕事人間武勇伝の宝庫で、めちゃマッチョだから、時代遅れな発想が平気で通ったりしちゃうんですよね。

田中　たしかに、現実には作れない男が多いから、結果的にいいアドバイスになってしまうという問題もあります。

小島　先日、仕事で付き合いのある二九歳の男性に彼女ができたというんです。彼女が働いているというので、「あなたは料理はするの？」と聞いたら、「いや」と言うんです。だから「料理をしなかったら結婚してもらえないよ」とアドバイスしました。すると、次に会ったとき「チャーハンを作りました」と。「よかったね、次は汁物も作るようにしたら」と言ったら、鍋《なべ》を買いました。だんだん、彼女と結婚するために「料理のできる男になる」という熱が入り、最終的には「もっとワークライフバランスの取りやすい会社に行きます」と言って転職しました。

彼はとても素直にいい方向に向かったなあと思うんです。でもたしかに、いま男の人が「家事できません」なんて言っていたら、結婚してもらえないと思うんです。「え、なに、共働きで家事は全部私に押しつけるつもり？」となりますよね。そんな男と結婚したくないじゃないですか。

田中　そうですよね。現実的には、共働きを前提とした家族モデルを考えていく必要があります。

小島　これからの若い人たちは、結婚市場で高値がつくためにも家事能力を身につける方向へ変わらざるをえない。それはいいことだと思います。おっしゃるとおり、せっかく若い世代が変わってきているのに、メディアやそのほかの企業でも、決定権を持っている人たちがまだまだ古いものに縛られて、そういう後戻りのメッセージを出してしまうというのが残念ですね。

田中　結婚市場という言葉が出ましたが、たしかにそういう男性を「選ばない」というのは大事ですよね。たとえば、女の人がそういう人を配偶者に選ばない、若い人がそういう企業を選ばない。選ばれなかったら困るので、変わっていかざるをえないじゃないですか。ある新聞社では、入社して四年間は地方で働くというルールがあったのですが、それでは就活生に敬遠されてしまうので、三年間に短縮したそうです。だから若い人は企業に対して、女性は男性に対して自分の希望を主張していくべきです。

育休どころか、子連れＯＫ国会

田中　国会議員の育児休暇問題は、残念ながらスキャンダルで消えてしまいましたが、問題提起としてはよかったと思います。

小島　男性の育休への風当たりの強さは、相当ですね。

一方、オーストラリアでは、先日、国会の議場での授乳が認められました。子持ちの議員が増えたということで「ファミリー・フレンドリー国会」を掲げ、「男女いずれも、育児を理由に国会活動をすることを妨《さまた》げられてはならない」というルールができたんですね。必要なときには議場に子どもを連れて行っても、授乳してもいいと。それまでは子どもは議場には入れなかったのですが、それは時代遅れだ、という判断を下したようです。それまでも、国会に連れて行くことはできたわけですから、日本よりは進んでいたのですが。

育休という選択肢と同時に、子どもを連れて行ってもいいという職場が増えるといいですね。子連れでもできる仕事はあるはずです。

田中　いっぱいありますね。

小島　子育てと仕事の両立、イコール休むとは限らないですから、やりようはいくらでもあると思います。

田中　たしかにそのとおりですね。自宅で仕事ができますというのは推進しているけれども、子どもを連れて行けますよ、という話をもっとするというのはすごくいいと思います。

小島　企業内託児所を作るのもいいですし、職場によっては走りまわらない赤ちゃんだったら横において、泣いたらすぐに対応できるところもあるだろうと思います。

田中　都会だと通勤の問題をクリアする必要はありますが、会社に託児所があれば、相当安心ですよね。やはり子どもの姿が見えなくなってしまうと、親は不安だと思います。

小島　熱が出たりしたときも、企業内託児所だったら安心ですよね。私は会社員だったころ、託児所を作ろうと思ったんです。テレビ局には社員以外の関連の人たちもたくさんいて、のべ何千人も出入りしています。メイクさんは妊娠すると、みんな辞めてしまうんです。預ける場所がないから、どんな優秀なメイクさんでも妊娠すると辞めてしまう。

とても残念だなと思っていて、テレビ局の敷地内に預ける場所があって、働いている人たちが割安に使えれば辞めなくて済むよね、という話をしたんです。会社が経営している商業施設の中に空きがあるから、民間業者に委託し、地域や周辺企業の利用者も受け入れつつ、構内で働いている人が割安に子どもを預けられ、みんなが働き続けられるような託児所を作りませんか、と提案したのです。でも最終的に役員に提案したら、出てきた答えが「いくら儲かるか数字を出せ」です。言葉を失いました。儲けるためにやるって、その発想。

田中　それはひどい。企業の社会的責任というものに自覚がないんでしょうか。

小島　「儲けの少ないテナントを入れるわけにはいきません」ですよ。それ以外のメリットが全然理解できないんですね。

田中　そうした取り組みを不動産事業としてだけ評価しようとする発想がすごいですよね。いまおっしゃったように、波及効果というか、社会全体が得られる利益という発想がないんです。

小島　想像できないのですね。そこに子どもを預けられることによって、放送局で働く人たちがどれほど助かるのか、どんな働き方ができるのかということが。経験もないし、実感がないのだと思います。それこそ育休を取った経験があったり、子どもの看護休暇を取ったりしながら働いた人たちが幹部になったとき、全然違ってくるでしょうね。

田中　そう考えると、女性の管理職を「増やしてあげる」と思っている人がいるかもしれないですけれど、大きな勘違いですよね。子育ての視点を持つ人が職場にいることで、どれだけ多様な人材が働きやすくなるか。これからの企業は多様な人材を活用する必要があるわけですから、下駄を履かせて、何％に増やしましょうというふうな発想では、企業は成り立っていきません。

労働力は不足していくわけですから、女の人でも、外国人でも、能力のある人に働いてもらわなければいけないときに、そんな狭い視野で経営している会社はやっていけなくなると思います。

小島　生き残れないですよね。

第5章

新しい働き方

正規、非正規という分け方

小島　正規、非正規という言葉そのものに差別の構図がありますよね。「正規にあらず」ということで「非正規」です。

田中　名前の付け方は重要ですよね。ただ草食男子もそうですが、しっかり言葉の定義をしても誤用される例は少なくありません。東大の玄田有史《げんだゆうじ》先生が輸入してきたニート（NEET）という言葉は、Not in Education, Employment or Trainingの略です。雇用されていなくて、教育も受けていなくて、ジョブトレーニングも受けていない、本来はそういう状態にある人を救済しようという前向きな意図で輸入してきたのですが、ただ、一般的には「働いていない、だめな男性」というイメージとして使われてしまっています。だから、マスコミで「ニート」を取り上げる際には、女性が出てくるケースはほとんどない。「働かないダメな男性」がニートだと思われているからです。

小島　女の人だと「家事手伝い」。

田中　そうなんです。それに中年フリーターの問題も本来性別は関係ないはずですが、中年の女性がスーパーでレジを打っていると普通の状態なのに、おじさんが「研修中」のバッジなんかをつけてレジを打っていたら、「このおじさんかわいそう」みたいになる。

小島　たしかに。女の人なら「パートの女性」ですよね。

田中　難しいところなんですよね。

小島　そう見てしまう意識が刷り込まれている。「男の人はフルタイムの正社員が当たり前」という刷り込みですね。いま、私たち世代くらいから、非正規で働く人が増えてきました。彼らは「正社員で当たり前」ではないわけですよね。

田中　ないですね。二五歳から三四歳の若い世代では、非正規雇用で働く男性が一五%を超えています。平成元年には数%しかいませんでした。

小島　かといって「非正規もありじゃない？」という見方はされない。そうすると、彼らはずっと迷子のままなんでしょうか。私と同世代は、二〇年間ずっと迷子なのか……。

田中　そこなんです。最近になってやっと「中年フリーター」という言葉が出てきました。厚生労働省はフリーターの定義を三四歳で区切っているんです。「若者の雇用支援」の対象は三四歳まで。けれど、簡単に正社員になれるわけではないから、三五歳以上の「フリーター」は少なからず存在するのに、カウントされない。

僕は一〇年くらい前から、こうした問題が出てくるなと思っていました。フリーターの「定義」は三四歳までですから、少子化が進めば表向きの数字では減る可能性がある。けれどただこれは見えなくなるだけで、三五歳以上の「フリーター」は相変わらず存在するわけですから、まずいことになりますよ、とずっと言い続けているんです。名前がない問題というのは、問題として認識されないわけです。

小島　三五歳以上の非正規社員はいないことになってしまう。

田中　はい、実際は若い頃からフリーターを続けている人がかなりいるのにもかかわらず、です。支援の対象から外されるので、もう見えない。小島さんの言うように、いないと一緒です。九〇年代の当時、予想できなかったのかという疑問がわきますよね。先日ニュースを見ていたらコメンテーターの方が、「いずれ景気が回復すれば正社員として吸収されていくだろうと思っているうちに、二〇年が過ぎてしまった」と笑顔で解説していました。それは笑える話じゃないでしょう。二〇年も放置されてきて、いまやっと「中年フリーター」と名前がついた。名付けって大事だなと思います。

小島　先日、雇用問題についての東京都主催のシンポジウムに出席しました。三人に一人が非正規雇用者というのはおかしい、少しでも正社員化することで、安心して働ける環境にしましょうという主旨です。

そのとき出席されていた「トーリツ」という介護支援事業の会社の話が、とてもよかった。社長の鈴木恵里子《すずきえりこ》さんによると、同社では介護の仕事と自分の生活を両立させている、女性や高齢者の非正規社員が多いそうなんです。けれど、「この人は」という社員は正社員にする。

ただし、正社員になってもその人の生活に合わせて、働きやすい条件を話し合って契約しているうちに、いつの間にか多様な働き方に対応する制度になったといいます。たとえば、最初正社員で入ったけれど、子どもが生まれたから、あるいは親の介護をするからと非正規になります。非正規でしばらく働いていたけれど、子どもが大きくなったから、あるいは親の介護が終わったからまた正規に戻ります、ということもできるようにしたんです。

こういう話を聞いていると、じゃあ「正規」ってなんだろうと思ってしまう。印象的だったのは、正社員、非正規社員を「身分」としてとらえるのではなく、働き方の種類の違い、選択肢として考えようということでした。今の日本では、正社員がいわば「御家人《ごけにん》」で、非正規が「浪人《ろうにん》」のように「身分制度」として考えられますよね。そうではない、と。

正社員として働く時期は、責任や権限が多く、拘束時間も長いけれど、見返りも大きい。別の時期は、自分の私生活との両立がしやすいように権限や責任を減らしてもらい、フレキシブルに働く。その働き方に見合ったお給料を受け取るわけです。身分ではなく、種類が違うのだ、という前提で制度がつくられれば、男性も女性もきっと楽になるだろうと思うのです。

田中 人生の時期によって働き方を変えるというのは、本来は当たり前のことなんですよね。トーリツのような制度があれば、従業員は自分の生活を基準に働き方を考えることができます。

小島　はい。いままで「非正規」という言葉は、本来あるべき場所に行けなかった人たち、落ちこぼれた人たち、二流の人たちという文脈の中で使われてきました。そうした文脈になってしまうのは、「男性が正社員として定年まで働き続ける」のがあるべき姿だという思い込みがあるからです。その思い込みをまず外そう、その前提を変えていかない限り、労働市場の流動化などあり得ないし、男性もその「あるべき姿」にがんじがらめになってしんどい思いをしている。

けれど、現場ではトーリツの例でもわかるように、そんなものはもう外しているのです。でもやはり前提となるのは、正規と非正規を行き来しても最低限の生活は送れるだけのきちんとした報酬が期待できるということだと思うんですよね。非正規ではとても生活できない、という状態では、フレキシブルな働き方どころか、生きていくのもままならないことになってしまう。

新しい会社の制度が生まれている

小島　「正社員って何?」という疑問を持たせるような柔軟な運用の仕方をしている経営者もいます。「タニタハウジングウェア」という雨どいメーカーが、「正社員転換制度」というシステムを取り入れています。パートや派遣社員などを正社員化していくという制度を導入したら、もう転換させる人がいなくなるくらいほとんどの人が正社員になった。そこで働いている人たちに聞いてみると、実は転換する前から正社員とそうでない人とを分け隔てする身分制度のようなものがなかったそうです。

ただし、権限や給与面での違いはあります。正社員になり、責任も生じますから、やりがいは感じる。だからといって非正規だったころ、差別的な待遇を受けたり、一人前に扱われてないと思ったかといえば、そうではなかった。だから社員の方たちは、もともと会社に愛着を持っていたわけです。

社長の谷田《たにだ》泰《やすし》さんがこう言うのです。「僕たちの会社にわざわざ来たい人はあまりいない。大企業でもないし、作っているのも雨どいという地味な製品だ。社員はみんな第二、第三希望で来たわけだけれど、せっかく働いてくれているのだから、どうしたら『ここに来てよかった』と思ってもらえるか考える。そう考えざるを得ない立場が、僕たちのような中小企業にはある」。

　これはとても印象的でしたね。働いている人が正社員だから、非正規だからということは関係なく、全員にその仕事を好きになってもらおうと会社側が努力する。その結果が「正社員転換制度」につながったと。「うちで働くならば滅私奉公《めっしほうこう》が当たり前だろう」と言っている大企業にはできない発想ですよね。正社員でなければ落ちこぼれだと思い込んでいる男の人を自由にするのは、こういう柔軟な発想ができる中小企業なのかなと思いました。

田中　よくわかります。それから、企業の規模とは別の視点として、経営者が若いほうが、働き方をフレキシブルに考えられる可能性が高いかと思います。「サイボウズ」という会社は、社長の青野慶久《あおのよしひさ》さんは四十代前半で彼自身が育児休暇を取ったり、時短勤務をしたりしています。トップが柔軟な発想を持っているから、サイボウズは多様な働き方を実現した会社として注目されているんです。また、三菱鉛筆の取締役である数原滋彦《すはらしげひこ》さんは三十代後半ですが、どうしても子どもは予測不能なことが多いから、何かあった場合には定時に間に合わなくてもいいよと子育て中の社員に話しているとおっしゃっていました。ご自身も子育ての真っ最中で、どれだけ前の晩が遅くても朝の五時半には起きて、八時までは家族との時間として確保すると決めているそうです。小島さんがおっしゃるように、より柔軟に考えられる可能性が高い中小企業や、既成の概念に縛られていない若い方がリーダーを務める企業に希望を持ちたいですね。

いま僕たちが例にあげた企業は、生活があり、仕事があるという、いわば当たり前のことを前提にしているのです。子どもが小さかったり、親の介護が必要になった場合、週五日間、一日一〇時間働くのは難しい。そこをどう動かすかを考えたとき、自分たちが生活しているリズムに合わせて仕事の組み方も変えていくことがあっていいわけです。

もちろんものすごく働く時期もあるかもしれないし、時短勤務の時期、週三日勤務という時期もあるかもしれない。長い人生の中で、働き方に起伏がないというのは非常におかしいことだと思うんです。それが「正社員フルタイム男性」にとって可能なのは、家事や育児、介護などをすべて妻にまかせてきたからです。

小島　どこかにしわ寄せがいっているわけですね。

田中　はい。女性の我慢を前提として、社会が成立してきたとも言えます。これからの共働きが標準という社会では「しわ寄せ」の解消が不可欠です。男女平等という視点が本当に大切になってきます。

霞が関から変わる働き方

田中　いっぺんに社会が変わるということはなくても、現実に「芽が出てきている」ということ自体はあるかと思うのです。

小島　はい、霞が関の官僚の中にも動きが出ています。厚生労働省の河村《かわむら》のり子《こ》さんという方が、「霞が関から働き方を変えよう」という取り組みをしているんです。たとえば、国会での大臣答弁のために当日の明け方まで官僚を引っ張るのをやめてくれ、と国会の議長に掛け合った。一日前倒しして、前々日までに質疑要旨を出してもらえれば官僚も家に帰れるし、国会にも対応できます、と。最近の官僚は共働きも多いですし、滅私奉公で二四時間私生活ゼロでは女性や若い人がどんどん辞めていきますよ、と訴えたそうです。自民党幹部や議員たちも動いてくれて、いまでは前倒しして前々日までに出してくれる議員がだいぶ増えたそうなんです。

彼女のほかにも、三十代の半ばから四十歳くらいの官僚の間に霞が関から働き方を変えようという動きがあります。省庁を超えて勉強会も開いていて、見学に行ったことがあります。「うちではこういう取り組みをしている」「職場でこんな提案がありました」など、情報を共有して本気で動いていますよ。夕方からオフを楽しむための「ゆう活」というキャンペーンもありましたが、試行錯誤しながらも霞が関が働き方を変えることも、いわゆるお役所仕事の当事者たちの実感を変えるという点では有効だろうと思います。

「ワークライフバランス」が、本当の意味で浸透するには、世の中のいろいろな場所での取り組みが同時多発的になされることが大事ですよね。もちろん、霞が関が変われば日本が変わるというような単純な話ではないですが、私と同世代の官僚たちにこういう動きがあることは、心強いなと思っています。国会議員でも、奥さんも働いていたりしますから、地元で「うちの主人をお願いします」というようなことはあまりやらない議員も出てきているそうです。他にも滅私奉公が当たり前だった組織で「うちは妻が働いているから、上司と同じように働けません」という男性は増えるでしょうね。

田中　希望が湧いて出てきますね。小島さんが、「女性の働きやすい職場ではなくて、みんなが働きやすい職場をつくっていこうと言ったほうが結局変わっていく」といった内容をツイートしていらっしゃいました。これはまったく同感で、いま「女性の活躍」という文脈で働き方を見直す動きになっています。けれど、そもそもダイバーシティは多様な人材を活用しましょうということですから、女性の活躍だけではありません。みんなで、いまこの機会にどうやって職場環境を変えていけるかを考えていかなければなりません。

小島　政府は、「女性の活躍」や「輝く女性」から、今度は「一億総活躍」と言い出しました。その「一億総活躍」がよくなかった。活躍してなきゃダメなんですか!?

と反感を買ったんですね。「一億総快適」とか、そういうことなら、それぞれのやり方で生きがいを持って働ける社会づくりというメッセージになりますから、希望が持てますが。

「いろいろな働き方や生き方を可能にする社会を」と願う当事者の数をいかに増やしていくか。そのためには女性が「男性だって当事者」という目を持つことが大事。男性も「働きづめの人生は問題だと思っていいんだ」と、自分に悩むことを許すようになるのではないかと思うんです。

田中　そこはすごく大事だと思います。

小島　男性も「しんどい」「苦しい」と言っていいんですよね。

田中　ここまでしてきた話は、男性が当事者意識を持たないから解決が一向に進まないという問題でもあると思うのです。たとえば「子育て中の人のためにやってあげている」、「女性のためにやってあげている」というのはすごい「他人事《ひとごと》感」があります。そうではなく、自分の問題でもあるのだ、という当事者意識が非常に大事ですよね。

変えられるのは「団塊ジュニア」と「バブル世代」？

小島　この間、ある場で「働き方の常識を変えられるのは団塊ジュニア世代ではないか」という話をしたんです。すると五十代前半の方が、「僕らはもうすぐ会社からいなくなってしまうけれども、僕らの世代を巻き込んでくれたら一緒に変えられるかもしれないよね」とおっしゃるんです。

「いわゆる粘土層的な、旧男社会の価値観に違和感があるのですか」とうかがったら、「あるよ、僕らは団塊世代とも違うし、女の人が社会に出て働き始める時代を見ているから」というんですね。男女雇用機会均等法が実施されたのが一九八六年ですから、彼はちょうどそのころに就職しているんです。彼らの上司は鉄板でしたから、実践できるほどの自由度はなかったけれども、「実践しなければいけない」という意識は持ち続けてきました。そしていま判子を押す立場にあるから、「団塊ジュニアの世代と一緒にやったら、世の中変えられる」とおっしゃっている。なるほどなと思ったんです。

田中　四十代、五十代にとってやる気が出る話ですよね。たしかに、団塊ジュニア世代は数が多いですし、かなり力を持っていると思います。

小島　そうなんです。もちろんこの世代の全員が子持ちではないですが、子どものいない人であっても、仕事だけの人生に疑問を感じている人は多いでしょう。新しい常識をつくり出して、あとは判子を押してゴーサインを出してくれる世代とうまく意思疎通ができれば、会社の制度一つとっても変わっていくと思います。

田中　やはり二十代、三十代の人と話していると、いまみたいな話はすぐ通じるんです。だから上の世代が変われば、彼らは受け入れると思います。ということは、ここ数年がかなり勝負かなという気がしますね。

小島　彼らが権限を持っている、ここ数年ですね。

田中　逆に振れてしまう、つまり、新しい常識をつくり出す人を潰してしまう方向にいく可能性だってあります。いままでどおりの殺伐とした世界を僕らは生きていかなければいけないかもしれないし、いま言ったような変化を起こせるかもしれない——勝負ですね。

小島　ここ五年、一〇年ですね。五十代前半というのはバブルを謳歌した世代ですよね。いまの五十ちょっと過ぎくらいのバブル時代を謳歌した女の人と話すと、ハイエナジーでまぶしいです。ものすごくポジティブで前向きで、自己肯定感があるんですね。

田中　この間バブル期に就職した経済学部の先生と話をしていたら、当時は面接に行けば内定、行かなくても内定という冗談があったと言っていましたね。僕らは氷河期世代なので、おもしろいなと思いました。

小島　あのバブル世代の自己肯定感を笑うことは簡単だけれども、自己肯定感を動力として使えるといいなと思います。

田中　いろいろ言われる世代ですけれど、こちらが偏見を持たずに、五十代の方の話を真剣に聞いてみると、実際に能力が高い方も多いですよね。

小島　元ソニー会長の出井伸之《いでいのぶゆき》さんと対談したとき、「バブル世代に期待をしている」とおっしゃっていたんです。これまで男の恨みつらみの力学で動いてきた政治経済の世界を、彼らはわりと素直にハッピーに生きてきている。優秀な人も多いし、自己肯定感も強い、若い人とも話が通じる。「無能とか言うけれども、バブル世代が役員になって舵《かじ》取りをするようになったら日本は変われるよ」とおっしゃっていたんです。けっこう意外だったのですけれども、納得もしました。

田中　自己肯定感は大事です。

小島　自己否定している人よりは、実際に事を前に進める力がありますものね。

田中　そうなんです。自己否定していると、「現状維持がいい」「これ以上悪くなりたくない」というマインドになりがちです。変わるということのマイナス面しかとらえられなくなってしまう。

小島　さらに出井さんがおっしゃるんです。

「全共闘世代というのは、戦いに敗れて最終的に転んだといううしろめたさがあって、とても屈折している。戦い抜いた奴のこともおもしろくないし、かといって体制に転んだ自分は刺されるのではないかと防御の姿勢になっている」と。

要するに、言ってみれば負け犬根性でひねくれているわけです。負け犬根性でひねくれたオヤジたちの恨みつらみと、力任せに言うことを聞かせるという力学が幅をきかせた時代がもうすぐ終わる。そうすると、能天気で自己肯定感の強いバブル世代の人たちが、違う力学で動かしていく。そこだけ聞けば、希望が持てる話ですよね。

田中　僕ら世代にとっても、上の世代にとっても何か光が差してくるような話ですよね。先を見通せる経験のある、出井さんのような方がおっしゃっていると、説得力がある。

大黒柱マザーになって

田中　小島さんは『大黒柱マザー』（双葉社）という本で一家の大黒柱となった経緯を話されてますが、ご主人が会社を辞められたとき、最初にどう思いましたか。

小島　大黒柱の女性は昔もいましたし、いまだってシングルマザーはみんな大黒柱ですから、そんなに特別なことだと感じなかったんです。「夫が仕事を辞めたんです」と言ったら、実はうちもよ、なんて言ってくれる人も何人かいましたし。ただ、肩書きも年収もない男の人が同じ屋根の下に暮らしているというのは、生まれて初めてのことだったので……。

たとえばいままでは夫に腹を立てても、「まあ仕事はちゃんとやっているのだし」とか、「私の前だから油断してるだけよね」と、何となくその場を収めることができていたんです。それが彼が仕事を辞めたことで、そうやって感情を押し込む、押入れみたいな場所がなくなってしまったんです。だから夫に腹が立てば、本当に恐ろしいことですけれども、「結局、仕事なんかできなかったんでしょう」と言いたくなったりしました。それまで自分は、夫の年収や肩書きなんか全然気にしていない、人間性を評価しているんだと思い込んでいたのです。

けれど、いざそれがなくなってみると、自分の夫に年収があり、肩書きがあるということをすごく都合よく利用していた、寄りかかっていたことが露呈してしまった。では、いま目の前にいる不完全な、肩書きのないこの人をどう受け入れていいか、という処方箋《せん》が私の中になかったんです。

田中　それで荒れました？

小島　荒れました。夫に「仕事をしていないからわからないでしょう」とか、「働くって大変なのよ」とか、つい言ってしまうんです。もちろん夫は私より社会人経験が長いから、そんなわけないとわかっているのに言ってしまう。買い物に行くと、「じゃあ、これ買ってあげる」と言ってしまったりもしましたね。いままで、私が大嫌いだったオヤジの言動すべてが、自分の中から出てきたんです。すごくショックでした。夫に失望するより、夫に対してそういう振る舞いをした自分の本音に大変衝撃を受け、失望する毎日でした。

なのに夫を責めてしまうんです。なぜかというと、急に稼ぎ手が私一人になって不安で仕方がない。私は不安を怒りに変えてしまうんですね。夫に対して、「だいたいあなたが仕事を辞めたから、私がこんな不安な思いをするんじゃないの」とか、「いままで共働きで、私が奥さんらしいことをしてなかったことへの復讐なんでしょう」とか言いがかりをつけてしまう。そうしたら、ある日夫に言われたんです。

「慶子は僕が思っていないことを、思っているに違いないと決めつけて、それを前提にして文句を言ってくるから会話にならない。思ってもいないことを、思っていると決めつけるのはやめてくれないか。どうも慶子の言動を見ていると、違う人への怒りを感じる。いったい誰に向かって言っているんだ。それは俺じゃないよ」と。

その夫の言葉を聞いて、やっと気づきました。私はいままで父や、男社会そのものや、働く男という「強者」に見える人たちに対して恨みつらみを溜め込んできたのです。それを目の前に出現した、強者の側から弱者の側に転がり落ちた男に全部ぶちまけていたんだ、ということがわかったんです。そのことに気づき、夫に対して、悪かったと言いました。

田中　謝られたんですね。

小島　はい。でも悪かったと思うけれども、どうしても自分の中に強固につくった、「男というのは、妻に家庭的な女であれと期待しているのではないか」という意識があるんですね。いまだに夫が私に対して、「ああ、うちの奥さんは奥さんらしくないな」とか思っているんじゃないかと考えてしまいます。

私の中に極めて保守的な女性観があり、私はそれを殺さなければいけないのになかなか殺せないでいる。それを殺すためには、自分の中から取り出して誰かにおろさないといけないから、目の前にいる夫にそれを投影してしまうんです。

「あなたには言いがかりをつけて申し訳ないのだけれども、私はいままで、男の人はきっと女に対してこのように考えているのだという強固な思い込みをつくってきてしまったから、そんなにすぐには変われないと思う」ということを話したんです。

夫が私の思うような、いわゆる保守的な男でないことはさすがに知っているのですが、いやもしかしたら、彼も本音では保守的なのでは……という疑念はまだ完全に払拭《ふっしょく》されていません。まだ自分自身の中に、そういうダメ出しをする「オヤジ」がいます。私はずっとそいつを見ないようにしていたんですけれども、夫が無職になったことによって、表に出てきてしまったんですね。私の中のオヤジが夫を「ダメ男め」と叩くのを眺めつつ、私もそのオヤジに仕返しをしたいわけです。それで、夫を苛める私の中のオヤジを、夫に降ろしてやっつけるんです。「あなたは私をバカにしてきたんだろう。このオヤジめ」と夫に言いがかりをつけるんですよ。だからすごく複雑です。

田中　自分で自分を叩いているみたいになりますよね。

小島　そうです。結局まわりまわって、私は自分いじめをしていることにもなるんですが、振り回される夫にしてみたら本当に大変なことです。

男たちは砂漠の一本道を行く

田中　大黒柱になって、逆に世のオヤジたちに「ごめん」というところはありました？

小島　それはありましたね。それまでは新橋《しんばし》のSL広場あたりで街頭インタビューをされている、頭にネクタイを巻いて、クダを巻いているオヤジは大嫌いでした。「働けど、働けど、給料は上がらず。かみさんと娘には無視されて、もう本当にぼろきれのようでさ～」なんて言ってるのを見て、ああ見苦しい、なんて（笑）。それが、自分が大黒柱になって以降は、「もしこんなに働いて家族に無視されたら、私だったら暴れるわ。あのオヤジを抱きしめてあげたい」と思いましたね。

自分がそのプレッシャーを感じるまではわからなかったことです。オーストラリアと行き来する飛行機がすごく揺れたりすると、「もし死ぬと、家族は路頭《ろとう》に迷うな」と考えてしまいます。そして、父はこういう思いをして出張していたのか、とも思いましたね。商社勤務ですから、降りたらすぐ商談もあるわけです。私がオーストラリアで生まれたとき父はいまの私より若く、四十歳そこそこでそれをやっていたんだと思うと、素直に「えらかったな、大変だったな」と思ったりします。自分が初めて一家で一人だけの働き手になったことで、それはそれで人の気持ちもわかってよかったと思いました。

ただ同時に、父の人生を考えると、「何も選べず最初からこれしか人生がなかったのか、さぞしんどかっただろうな」という気づきもありました。私の場合は、最終的には夫に巻き込まれるかたちではありましたが、選んで、選んで、選んでそこにたどり着きました。そうではなくて、「人生最初からそれ以外ありえない」という彼らが見ていた風景は、私に比べると砂漠の中の一本道のようなものではなかったかと。

父の世代はそれでも、戦後の貧しさからなんとか抜け出したいと切望し、働けば日本が豊かになり、自分の生活も向上するという手応えがあったので納得ずくだったのでしょうけれど。父は昭和八年生まれで、戦中戦後の飢えを経験していますしね。そういういう一人称の動機があっての「働く人生」と違って、親や周囲に「いい会社に入って出世しろ」と言われて育った私と同学年の男子たちは、なんだか気の毒だなと。

専業主婦に憧れる⁉

小島　いまの学生たちも基本的にはフルタイム、正社員で働くと思っているんでしょうか？

田中　やはり基本的に働かないという選択肢はないと思っていますね。これからは、逆に女子もそういうふうに「選べない」ようになっていくかもしれないと思うと、危険なのではないかと思いますね。

小島　「働かないでも生きていける」と考えてはいけないと思うんです。仕事は持つけれども、その働き方ですよね。育休や勉強などで仕事を休んだり、調整していいんだ、転職したりしてもいいし、働き方を選べるんだと思えたらいい。仕事のために生活を犠牲にしてでも働き続けなければいけない人生は、しんどすぎます。滅私奉公礼賛をやめないと。

田中　滅私奉公というか、基本的に終身雇用で働かなければいけない、というプレッシャーはいまの大学生にもなくなっていないという気はしますね。

小島　働き続けなければいけない、と。

田中　はい。働き続けなければいけないと思っています。

小島　会社を辞めたり、休むのは怖い？

田中　考えていないのではないかという気もします。

小島　では、私たちのころとあまり変わっていないんですね。

田中　一九九五年に生まれた子がいまだいたい二十歳です。バブルがはじけたあとに生まれているので、金銭感覚は地に足がついているという印象があります。すごく努力しないと落ちていく可能性があるというのを理解している、普通でありたいという欲求のほうが強いという気がしますね。その「普通」が、やはり四〇年働くことになってしまっているのではないか、と思います。

そういう意味では、しばしば批判の対象になっていますが、女の子が「専業主婦になりたい」と言ってしまうのもしょうがないと思うんです。彼らはこの社会で育って、考え方を身につけているので、二十歳くらいの子が急に新しい生き方を想像できるとは思っていないんですね。

小島　親を見ているでしょうしね。

田中　そうなんです。だから、むしろ彼らがなぜそう考えるような二十歳になったかをつきつめて考える必要があります。「いまだに男は働くと思っているんだ」とか、「いまだに専業主婦になれると思っているんだ」という一方的で上から目線の物言いは違うでしょう。

小島　でも親が「いまだにそんな価値観を子どもに植え付けている」のはおかしいですよね。

田中　そこなんです。社会が、親が、教師が植え付けているわけです。希望があると思うのは、霞が関の話でもありましたが、三十代、四十代くらいで、働き方を変えたほうがいいと思っている人はかなりいるということですよね。そういう人が前面に出てきたとき、当然若者の考え方も変わってきます。時短勤務や育児休暇を取る働き方、生き方があるというのを見せるのは大人の責任です。若者が現状の変化を「見えていない」ことの責任は、上の世代にあるんです。

「若者が保守化している」というような話は、自分たちがやってきたことの責任を若者に押し付けるという意味で非常に間違っています。

先ほどから小島さんの話を聞いていると、やはりジェンダーの呪縛は強いなと思います。「男はこうあるべき、女はこうあるべき」というイメージと現実の自分の境遇にギャップがあると、たしかに中高年以降でけっこうつらいと思います。それをまた繰り返し、若い世代にやらせるのかということですよね。しかもそれが叶わない状況なのに、です。

小島　先日、『「育休世代」のジレンマ』（光文社）という本を書かれた中野円佳《なかのまどか》さんとお話をしました。彼女の言う育休世代は、私よりも一世代下ですから、二〇〇〇年代に総合職、正社員として働き始めた女性たちです。上の世代よりは同じ立場の女性は増えたけれども、まだ育児との両立を支援する制度は十分には整っていない。早め早めに準備をして仕事も育児もきちんとやりたいと思っているのに、ロールモデルもない。夫の協力も得られなくて、悩んでいるという世代です。

すると結局仕事に対する意欲の高い人ほど「納得した働き方ができず夫の協力も得

られないなら、もう育児に専念する」と辞めてしまい、「仕事の成果は望まないから、制度を使えるだけ使って、両立できる範囲で働いていく」という人ばかりが会社に残っていくと。

もちろん、個人としてはそう割り切って働く時期があってもいいと思うのですが、社会全体としてみると、せっかく男性と同じ待遇で働き始めた女性たちなのに「仕事で活躍し、育児もできる」というロールモデルが育たないために、優秀な女性の人材が育たないということになってしまう、ということですね。いわば、女性の人材の多様化が進まない。当然、男性の働き方も変わらないわけです。

二十代に専業主婦志向が増えているのは「結局女性は働かないほうがいいのだ」と気づいたから、と見る人もいますが、たしかに、あまりに大変な思いをしている先輩を見て、「やっぱり主婦が楽」と考えてしまう気持ちはあると思います。ただ、彼女たちはきっと、専業主婦なんてすごく幸運なレアケースだということもわかっている。二十歳そこそこの女の子たちは、一生働かないと食べていけない、家族も持てないことを知っているんです。むしろ男性と同じように選択肢がないということに立ちすくんでいる。

だからこそ、いまは半ば「妄想の逃げ」として「専業主婦になりたい」と言ってしまう心理がある気がするんです。それまでの人生で彼女たちは、親や学校から、キャリア教育を受けてきたでしょう。「男も年収三〇〇万の時代だから、あなたも一生働くんだよ。しかも働きながら子どもを産むければども、制度は整ってないから。ほら、ごらん、あそこにあんなに苦しんでいる先輩がいる」と言われたら、お金持ちと結婚して専業主婦をやりたいと言いたくなりますよね。

田中　そうですね。仕事と家庭を両立させるための仕組みが整っていない状況で、女性が働くことに希望を持てないのは当然だと思います。

小島　怖くて怖くて、現実逃避だと思います。彼らが希望を持てるように、「あそこにちゃんと働きながら子育てをして、楽しそうにしている先輩がいる。男性も女性も」と見せてあげられたらいいですよね。

価値が多様化する低成長時代

田中　「なぜあの人はすごく有名な大学を出たのに、こんな仕事をやっているの」という言い方をするじゃないですか。大学受験をするときには、学校の先生も親も「選択肢が増える」から有名大学に行けと言います。しかし、実際に有名大学に入学してしまうと、大企業に就職して当たり前だと思われてしまって、実は自分がやりたい職業が選べなくなってしまう。選択肢はまったく増えていません。

ただ、現在は低成長の時代になりました。だからこそ、「いい大学からいい会社」という一昔前の幸せな人生のルートに疑問を持ち、自分が何をしたいのかを真剣に考えられるチャンスでもあるんです。

小島　たしかにどこまでも経済成長している時代だと、頑張れば頑張るほど高い車も買えるし、都心にも住める、すると「一番いいやつが欲しい」と考えます。でもそれは結局、みんな似たような人生になってきます。けれど経済成長していないのであれば、稼げる額にも限度がある。だったら、お金を配分するときに、何を優先させるのかが大事になってきます。

食べるものだけはいいものにしたいのか、住居なのか、教育なのか、衣服なのか。自分が人生で一番お金をかけたいと思っているものは何か、ということを常にわかっておこうと考えますよね。それは年収三〇〇万のときでも四〇〇万のときでも、八〇〇万になったときでも、「自分にとってはまずこれが大事」というものがわかっていれば、そのときそのときで、いまはこれを削ればいい、これは後回しにすればいいというのがわかりますね。

そうすると、「親は持ち家じゃなければ一人前じゃないとか言っていたけれども、別に賃貸でもいい」、あるいは「東京に行かなかったら負け組とか思っていたけれども、地方でもいいじゃないか」などと、変わってくると思うんです。

田中　そうですね。多様になっていくといってもいい。

小島　はい、右肩上がりに収入が上がるということは、人を不自由にしていた、欲望に多様性が出なかった面もありますよね。右肩上がりに給料が上がって、「いつかはクラウンが買えるよ」という。けれど成長しない時代では、三〇〇万なら三〇〇万なりに、自分が一番満足するような場所はここだと決めるしかない。三〇〇万なりに安心して生きていける世の中にするためには、どうしたらいいのかということですよね。

みんなが六〇〇万稼ぐのはもう無理、三〇〇万円の人は自己責任です、ではあまりにひどい。成長が頭打ちで、働いてみんなが同じように豊かになれない時代なら、どう助け合うかという発想がないと安心できませんよね。再分配のあり方を考える。今日、自分の税金が使われることによって、明日、自分が年収二〇〇万円になってもなんとか暮らしていけるのだ、という安心を実感できるようでないと、助け合いなんて綺麗事《きれいごと》の掛声で終わってしまいます。

私が息子たちに言っているのは、「いくら必要なのか、何が自分の幸せかは君にしか決められないよ」ということです。四〇〇〇万円のボートが欲しいのだったら、それが買えて、海で遊ぶ時間がある仕事に就かなければいけないし、四〇〇〇円の本で幸せになれるのだったら、何千万も稼がなくていい。ただし、最低限の安全を賄《まかな》える額をわかっていなくてはならないし、お金がないと手に入らないものもあることを知ってておかなければならないですよね。

教育に関しては私が全力で投資してあげるから、そこで勉強した中で自分で決めてください、と言っています。また、私の稼ぎが激減しても学ぶチャンスを手にできるように、奨学金がもらえるぐらい勉強しておくと一番安心だよ、とも言っています。学んだ結果、たとえばインドネシアで学校の教師をしたい、アフリカで化粧品会社をしたいとか、それは息子たちが自分で決めるしかないですよね。

英語、算数、手に職があればいい

田中　小島さんのお子さんはそういう備えはしているんですよね。

小島　はい、ほぼ世界共通語の英語と全世界で同じルールの算数です。英語と算数と手に職、この三つがあればなんとかどこかでは生きていけるのではないか。手に職というのは、プログラミングでもいいですし、髪の毛を切る、料理を作る技でもいい。それさえあればという万能の切り札はないですが、この英語・数学・手に職の三つの組み合わせでなんとかギリギリでも自力で食える人になってほしいですね。あとは、ローンで身動きとれなくならないように、かな。ピンチがきたら身軽に動けるようにしておくことも大事です。

田中　もう成長が望めないといったときに、けっこう出てきてしまうのが、「仕事に期待してもしょうがない」というような話です。僕はそれは違うと思っていて、「働かない」という選択肢は非現実的なわけですから、小島さんがおっしゃったように、英語・算数・手に職の三点セットはかなりいいと思います。

結局、生活のレベルはさまざまであったとしても、自分が食べていく分は必要なわけです。「これからは成長しないのだから、仕事を適当にやっていこう」という話になってしまってはいけないわけです。未来ある若者にそういう言い方をするのはまずいと思っています。

生きるうえでは働くのですし、働くうえで何が必要かということは、成長しようがしまいが、考えなければいけません。ただ成長しているときは、ある程度何をやっても稼げるからいいのでしょうけれども、成長しない時代ではあまり高くないお給料でもかなり奪い合いになる可能性はあるわけです。そのとき何ができるかということが問われてきます。

小島　私が子どもたちに「英語と算数と手に職」と言っているのはなぜかというと、そこに仕事がないのだったら、仕事のある場所に行けばいいと思うからです。オーストラリアで食えないのだったら、東南アジアへ行けばいい、そこで食えないのだったら、また他に行けばいいし、現実的にはそりゃあ大変でしょうけれど、生きるしかないわけですから、世界中のどこかに仕事を求めて行けるようにしてほしい。

それくらい厳しくなると思っているんです。全世界的に若者が仕事にあぶれているではないですか。彼らはもっと厳しい時代を生きるわけだから、「根を下ろした共同体の中で、一つの仕事を長く続けるのが幸せ」というような発想は持てなくなると思います。

とにかく食うためには、流浪の民ではないですけれども、世界のどこかで仕事を得なくてはいけない。そのとき身軽に移ることができるための備えとして、最低限、英語と算数と手に職の三つがあれば、人手を必要としている世界のどこかで、何とか食っていくことができるのではないか。そう考えているからなんです。

田中　すごく先を見られていると思いますね。世界はどんどん垣根が取り払われてきています。それはただ明るい話ではなくて、奪い合いがかなり出てくるわけですよね。おっしゃるとおりだと思います。

小島　日本の中で生きていこうといっても、中国系の企業に就職できたら万々歳とか、あるいはインド系の企業に入れたらラッキーというようになるかもしれない。何が起こるかわかりません。二極化が進む中で「一握りの勝ち組に」というところを狙って投資するより、「一握りの勝ち組ではないけれど、どこにいても幸せになれる人に」のほうが、はるかに現実的で、子どもに対して親切ですよね。

田中　絶対そうだと思います。うちはゼロ歳児なので、本当にそう思っています。彼が大人になった未来はそれが現実でしょう。

小島　それに、親がそういう発想になれれば、子どもも子どもで楽なのではないかと思うんです。子どものほうも、「人生どう転んでも、どっこい僕生きてます」と言えるなら親は満足してくれる、と思うでしょう？　親が設定した「これ以外は全部不幸」を真に受けて、たとえば「東大を出て官僚になるか、アイビーリーグを出てウォール街のトップ企業に入らなかったら、「人生終わり」とか思って生きるのは明らかに認知が歪んでいるし、しんどすぎる。

家庭内労働制

小島　オーストラリアに行って思ったのは、手に職がある人は強い、ということです。オーストラリアにはいろいろな国から移民が来ていますが、英語力は私と同じか、私よりできないくらい不自由であったとしても、手に職があると強い。ご飯をおいしく作ることができたり、何らかの技術があれば、専門性のない「元会社員」よりは仕事にありつける。

じゃあ私はどうかといえば、しゃべったり書いたりは手に職といえばそうですが、日本語の通じるところでしか仕事できません。日本では人より年収が高いけれど、オーストラリアではとても食べていけない。私は英語が流暢《りゅうちょう》にしゃべれないから、当然、テレビやラジオや物書きなどの日本と同じ仕事はできません。いまの私にできる仕事は、たぶんお掃除かマクドナルドのバイトが精一杯です。息子にもそう話すんです。

「ママは、オーストラリアのファストフードのバイトでも、早口のお客さんの言っていることが聞き取れなくて、クビになるかもしれないよ」と言ったら、息子は衝撃を受けていました。でも本当にそれは痛感しているんです。やはり何かを作れるとか、手に職は大事ですし、定職に就ける程度の英語は必要ということは本当に実感しています。

田中　でも小島さんくらいの立場がある方で、そう考えられる人間はいないと思いますよ。はっきり言って、「この人はここの組織を抜けたら通用しないだろうな」という方はどこにでもいます。けれど、彼らはそういう自覚を持っていないはずです。小島さんは自分の強みを知っているということでもあり、日本というフィールドで何ができるのかをよく理解していらっしゃるということだと思います。自分がほかの国まで行かなくても、別の業界に身を置いたときどうなるかとか、いまある自分以外をリアルに想像できるということは、他人に対する態度にかなり影響してくるはずです。多くの地位の高い男性は、それがうまくできていないのではないでしょうか。考えたことがないんですよね。だから、傲慢になる。

小島　普段から息子には、「私の仕事がうまくいかなかったら、君たち大学に行けないから、奨学金とれるように備えておけ」「大学出たら自分で何とかしてね」とずっと言っているんです。この前、息子が「うちには一億円あるよね？」と聞くから、「ないよ」と答えたらすごく衝撃を受けていました（笑）。まわりから「親が芸能人だから金持ち」と刷り込まれたり、前に住んでいた渋谷区のあたりは豪邸が多かったので、うちもあれくらいだろうと勝手に思っていたらしいです。だから「大間違いだよ」と言いました。こりゃいかんと思いましたね。

それでうちは小遣い制を廃止したんです。どうしても必要な学用品は買ってあげるし、誕生日のプレゼントなどはあげるけれど、毎月誰かが理由もなくお金をくれるなんてありえない。「うちでは小遣い制やめます」と言って、家庭内労働制です。息子たちには、労働した分の賃金を払っています。オーストラリアの最低賃金はいまだいたい一時間一六〇〇円くらいなので、それよりはレートを低くしてます。時間単位で払うときには、一五分二ドル五〇、一時間で一〇ドル。内容によっては時間給ではなく、これをやったら一五ドルとかいうふうに設定することもあります。
「君は一回実績を積んだら、価格の交渉もできる。お金が欲しいときには、家庭内にいくらでも仕事は転がっているから自分で稼ぎなさい」と。

田中 それはいいアイディアですね。わが家でも、子どもが成長したらやってみます。

小島 オーストラリアではアルバイトも一四歳からできるんです。スクールホリデーの時期になると、中学生くらいの子がお店でものを売っていたりしますよ。

田中 日本でも、職業体験の一環で中学生がスーパーにいたりしますけれど、お金をもらっているわけじゃないですよね。

小島 はい、実際に働いてお金をもらうというのはとても大変なことなんだということをわかってほしい。

田中 わかってほしいですね。

小島 私も息子たちに言うのが疲れたんです。
「君がどうしても欲しいと言って、買ってあげたけれどすでに触らなくなっているそのおもちゃは二〇ドルもしたよね。今日のレートで換算すると二〇ドルはだいたい一九〇〇円くらい。一九〇〇円は、ママの原稿の文字に換算すると……」というように、説明するのに疲れちゃった。言ってもわかってもらえないので、じゃあ自分で働いてもらえばいいと思ったんです。

ものの値段と労働の実感とを照らし合わせることができれば、ものの価値の測り方も変わります。だから、家賃でも車の値段でも、とにかくものの値段の話は隠さずにしますね。はやく「僕はいくらくらいあれば、そこそこ生きていけるな」という感覚を持ってほしいです。

田中　一〇〇〇万稼がなければだめなのか、三〇〇万でもいいのか、という感覚ですよね。お金に振り回されないためにこそ、子どもの頃から金銭感覚を磨いておく必要があるのだと思います。

ハウスハズバンド

小島　ハウスハズバンドである私の夫がオーストラリアでの職業を聞かれ、「家のことをやっているよ」と答えると、たいていの男性は「いいね、最高だよね」と言うそうです。実際に経験している人も日本よりは多い。でもどれほどの人が心の底から「いいね、最高」と思っているのか、私は疑わしいと思っています。私も日本で夫の職業を言うと、やはりほとんどの男性は同じような反応。それは、おそらく家事の大変さを理解していないから言えることなんですよね。

実際に家事や育児をしている側からすれば、「いいですね」と言われることよりも、「大変でしょう」と言われることのほうがよっぽど励みになります。つまりそれだけ理解をしてほしい。家事労働、家事・育児という仕事がいかに大変か――。家事労働も社会を支えているわけですし、会社で働くのと同じぐらい大変です。だから、「いいですね」と言うのを聞くと、「どんだけ楽だと思っているんじゃい」という気持ちになる。

家事や育児がどれだけ大変な仕事か、チャレンジしがいがあるか、苦労もしながら会社で働くのと同じぐらいやっているんだということを見てほしい。「今日も寝ていないんだよ」などと自虐的に言っている仕事人間たちは、家事や育児なら楽できると思っているんじゃ？　何かいつも一抹の気持ち悪さを感じるんです。

田中　「いいご身分ですね」というニュアンスでしょうか。

小島　あるいは、「かわいそうに、まあ褒めておこう」といいますか。

田中　「他人事感」がありますね。自分はやらないけど、いいですね、みたいな話になる。

小島　はい。だって私、専業主婦の女性に「いいわね、最高よね」なんて言おうと思わないですよ。お互い大変ですね、が本当のところでしょう。でも男性同士では「主夫、いいね、最高だね、羨ましいよ！」になってしまう。リスペクトが足りない気がします。

田中　リスペクトも足りないし、家事をしている男を例外として処理したいという気持ちがあるわけです。つまり「そういう人もいるんだ、すごいね。ま、俺の世界には関係ないけど」という。固定的なイメージを持っている男性たちが、ハウスハズバンドを「例外」として処理しているかぎり、仕事中心に生きるのが当たり前の世界は守られるわけです。「そういう人もいるよね」と、ある種の寛容さは持っているけれど、それはこっちの世界に踏み込んでこない限りにおいてです。

消極的な寛容さであって、「多様性を受け入れて世界を変えていきましょう」という積極的な寛容さではないんですよね。それでは多様化というのは全然進まないし、いつまでもそれは「他人事」なんです。セクシャルマイノリティの話にも通じるかなと思います。自分には関係ないけど、そういう人も最近いるよねと、自分の世界にはそういう人が入ってこないという前提で言うわけです。

オーストラリア版人生ゲーム

小島　オーストラリアでは、いわゆるホワイトカラーでなくても、ボイラーを設置したりするプラマー（Plumber）といわれる職業の人でも、人によっては一〇〇〇万稼いでいたりするらしいんです。もちろん景気にもよるのですが、ただ少なくとも「大学に行かなければ二流」という発想はそれほどないようです。「アカデミックな道を究めたい人は四年制大学へ、そうでない人は技術専門学校で手に職をつける」と。それに一度就職してからも何か研究をしたい、転職したいと思ったら、そのとき大学に入るのも珍しくないので、大人の大学生もたくさんいるようです。

オーストラリアで人生ゲームを買って遊んでいたら、「ナイトスクール」というコースがあるんですよ。まず、最初の時点で大学に行く人生か、行かない人生かを選べるんです。大学に行かない人生を選ぶと、そのあと引く職業カードも、大学に行くチームより年収が低いんです。ただし人生をスタートするときの、手持ちのお金は多い。大学に行った人は学費で使ってしまうからです。大学に行かなかった人は、手持ちに一〇〇あるところから始められるんですが、そのあとの賃金は低い。

賃金を上げたくなったときには、途中に「ナイトスクールコース」があって、そうするとナイトスクールに通ったあと、もう一回職業カードを引き直す。すると大学を出た人と同じグループの職業カードを引けるので、年収が上がるというものです。オーストラリアでは失業保険も手厚いので、失業している間にスキルを身につけて、まったく違う仕事に就くという人も多いようです。「ジョブチェンジ」が珍しいことではないんです。

田中　もう一枚カードを引けるというのは、本当にいいと思います。日本は学校を卒業したときに引いたカードで決まってしまう、それで生きていくしかないじゃないですか。だから「大学は行っておきなさい」と言われ、義務教育でもないのに、ほとんどの学生が義務感で来ている。

小島　日本では、中年の大学生はあまりいないですよね。

田中　たまに定年退職された方や、ある科目だけ学ぶ科目履修生の方などがいると、かなり目立ちますね。だから、せっかく大学に通っても、若い学生とはなかなか接点を持ちにくいです。大学が一度働いた方に提供できるものがあるか、ということが問われると思います。

小島　そうなんですか。

田中　ええ。いまは数が少ないですが、本当はもっと来ていただいて漠然と大学生をやっている若い人たちに刺激を与えてほしいです。「学びたい」「この仕事に活《い》かしたい」という人がもっとたくさん来てくれたほうが、大学自体も活性化すると思います。日本は高校を卒業するタイミングでの受験で人生が決まりすぎなんです。もっといえば何を学ぶかではなく大学受験がゴール、というところがありますね。

小島　本当にそうですよね。でも、最近の日本人のノーベル賞受賞者には、東大や京大以外の出身者も多いですよね。中村修二《なかむらしゅうじ》さんは徳島大学、山中伸弥《やまなかしんや》さんは神戸大学、大村智《おおむらさとし》さんは山梨大学などなど。人生は一八歳じゃ決まらないのだと。

子どもたちに「呪い」をかけない

田中　日本の中での有名大学や有名企業といった狭い範囲でしか通用しない、しかも近い将来には役に立たなくなる可能性が高いことに固執しているのは大人です。そんなものを子どもに植え付けて、自分で考える力を失わせてしまっているのではないでしょうか。

小島　本当にそのとおりで、息子たちには、「アカデミックな大学では、教育環境が整っているのは確か。でも有名な大学でなければ人生終わりというわけではない」とも言っています。なぜアカデミックで知名度の高い大学が人気なのか？　もちろんその分信用があるので就職が決まりやすかったり、お給料が高かったりという現実があるからです。ただそこに行かなかったからといって人生が終わりではないし、挽回《ばんかい》はできる。

　ただひとつ息子たちにわかってほしいのは、世の中には勉強するチャンスが得られなかったから、学歴が高くないという人もいるということです。誰にでも多くの教育のチャンスが与えられるわけではないのです。

「君たちは極めて多くのチャンスをもらっている。いわゆる『いい大学』に入らないと人生終わりではないけれども、勉強したいことがあって、それをもっといい環境で与えてくれる大学があるなら、挑戦するチャンスを最大限活かす努力をするべきだ」

　もちろんあとからでも大学に行くことはできるのですが、いま行くのが一番安上がり、かつ一番短期間で大きな成果を得られるタイミングだと思うからです。そのあと働きながら学校に通うとなると、時間もないし、お金もかかる、効率も悪い、そして何よりいまなら親が出資してくれるわけですからね。だったらまず、最初のチャンスを活かすべくやってみるべきだろうと。

　息子の脳みその限界はあるだろうけれども、ベストを尽くさないでチャンスをみすみす逃すのは合理的でないし、万事その姿勢では生きていけないよと言ってあります。

田中　それが、子どもに呪いをかけないということですよね。小島さんみたいな考え方をして、その子にとってよいと考えれば海外の学校に行かせる親も増えるでしょう。内向きで考えていることのデメリットを、自分たちの常識で世界を見ている大人たちはピンときていないのだと思います。

小島　子どもに対して親切であろうと思えば、一個の道を示すより、ああでダメならこうでもいいと考えられるようにするほうがいいと思うんです。自分が行きたければ東大でもハーバードにでも行けばいいけれども、「一流大じゃなきゃ人生おしまい」と考えるのは愚かなことです。日本なのか日本以外なのか、なんでもいいから四大卒なのか、専門学校卒でも食える技術を身につけるのか、どちらがいいかをその都度冷静に考えないと。生きていける能力が大事ですよね。

田中　そうですね。

小島　いくら稼ごうが、どこに住もうが、あとは自分で勝手にやってください、と。

田中　子どもたちには、どこで学ぶかよりも何を学ぶか、そして、勉強したことをどのように自分の人生に活かし、社会に貢献していくかが大切であると伝えたいですね。

第6章

不自由から解放されるために

自分との折り合いをつける

小島　女の人の場合は、たとえば結婚するかしないか、子どもを産むのか産まないのか、子育てと仕事のバランスをどうしようと、落としどころを見つけていくんだと思うんです。「すべてを素敵にやっている私」を、どこかの時点で諦《あきら》めなければできないということに気がつく。でもそれなりに「この不完全な自分を引き受けよう」と思わないと、やっていられないところがありますよね。

男の人の場合は、一定の年齢までそもそも「俺って何?」的な問いを持たずに生きていけるようになっていると思うんです。「折り合いをつけなくちゃ」と悩むこともないのではないかと思うのですけど、田中さんは、男の人はどこで何に折り合いをつけるべきだと考えますか?

田中　モテること、仕事の成功、いずれもそうですが、男性が基本的に抱えている問題は、「競争して、手に入れなさい」と煽られることと、どう折り合っていくかということですよね。

僕自身を考えてみても、同性と自分を比較することをなかなかやめられません。僕は大学院に進んで三十歳まで学生をしていたので、友だちがボーナスをもらっているときに、まだ奨学金を借りてバイトをしながら勉強をしていたんです。それは自分で選択し、そうしたいと思ってやっているはずなのに、「同世代の男だったらもうこのくらいの年収だろう」と考えてしまったり、要するにすごく負けている感じがしていました。人と比較することをやめられなかった。自分が納得できる基準を持てるまでにかなりかかったと思います。

小島　働いている同世代に対して、妬《ねた》ましいのですか。それとも焦るのですか。

田中　焦るんです。自分が情けないという気持ちが、僕の場合はけっこうあったかと思います。

小島　それはお金を稼いでいないという点で、ですか？

田中　お金もそうですし、あと社会的な地位としてもありました。学生ですからね。

小島　そうか。社会のすねをかじっているサイドだと思っていたわけですね。

田中　そうですね。しかも僕の場合は大学院時代さほど成果が出なかったので、論文をばんばん書いたりできなかった。余計厳しかったと思いますね。

小島　それはもう収まりましたか。

田中　収まったんですね。結局、僕の場合、勉強することが救いでした。アマルティア・センというインドの学者が「潜在能力の平等」という概念を提唱しています。人が平等である状態を、「自分が持っている能力を十全に発揮する資格がすべての人にある」という観点から定義しているんです。

たとえば僕が、自分は能力を一〇〇%出しているのに、ほかの人と比べて年収が低かったとします。それでも、自分の能力を一〇〇%出しているのであれば、それで十分自分の人生としてはいい。逆に、年収がいくら高かろうと、自分の能力を一〇〇%出せていないのであれば、残念ということになりますよね。学術的な議論を離れて、わかりやすくするためにちょっと強引に要約すると、人と比較してどうよりも、「自分の力を出し切れるかどうか」という点に基準を置いたほうがいい、という考え方なんです。そういう概念を勉強して知って、すごく腑に落ちたんです。

小島　そう納得するためには、生まれつき能力の差があるということを認めるところからしかスタートできませんよね。それは厳しくなかったんですか？

田中　厳しいとは思ったのですが、僕にとっては納得感のほうが上回りました。うまく自分の力を発揮できる場所に巡り合えていなかったり、力が出せていないのがつらいわけです。つまり、自分の潜在能力が出し切れる環境を与えられていないのが社会の不平等なのではないか、と。大学院生のころ格差論を学んでいたのですが、結果の平等なのか、それとも機会の平等なのかという議論だと結論が出ないんです。その点を「潜在能力の平等」という視点はクリアしています。

小島　そういうことですか。私を救った「平等」は、「どういうふうに生まれるかは選べないというところにおいては平等だ」ということです。

田中　なるほど。

小島　中学で入ったいわゆるお嬢さん学校で、衝撃を受けた。それまで見たこともない世界の人たちがいたから。で、すごく妬んだんです。なんで、すべてを持っている人がいるんだろう、自分と同い年なのにって。けど、美人でお金持ちに生まれる子も、そう生まれようと思って生まれたわけじゃない。見た目も家の経済状況も中途半端に恵まれて生まれてきた私も、それは選べない。お金持ちで美人の彼女が私から奪ったわけでもなく、それは「生まれ合わせ」です。

つまり誰も生まれたいようになんて生まれてこられないという点では、私も彼女も同じ。だったら別に妬んでもしょうがないと、「不自由さの平等」というようなものに気づいたとき、私は、不毛な嫉妬から解放された。いわば「格差」と若干折り合いがついたんです。

五十歳からのサーフィンはあり⁉

田中　多くの男性は、いまは仕事そのものが目的、地位を得ることが目的になってしまってますよね。真剣に仕事に向き合うことはもちろん大切ですが、そのうえで、もっと手段的に、そこまで「自分をかけるものとして考えない」という発想もできれば楽になるのにと思いますね。生活の糧《かて》を手に入れなければいけないから、あくまでも手段だというように。

小島　夫は、「家のことと育児はやっているけど、このままでいいのか、何かやりたいことを探す」と言って、五十歳にしてサーフィンを始めようとしたんです。まったくやったことのないサーフィンが、「俺のやりたいこと」。私は「何を言い出すんだ、そんな時間どこにあるの、目を覚ませ」と怒りまくり。

知人の夫も同じような状態で、「一〇年後俺は何をやっているだろう、簿記の資格を取る」といって勉強を始めた。彼女は、「四十代後半にもなった男が『簿記の資格持っています』と言ったところで何にもなるものじゃないだろう」と嘆いているんです。「とりあえず資格を取っておけば安心」という目のつけどころにしても、やはり安易すぎると。

いまの田中さんの話を聞くと、仕事を目的化せず、生活を目的化する、つまり生活自体が目的だと考えると、いまの二人でいえばサーフィンのほうがまだ僅《わず》かにマシなのかもしれない。夫は、お金にはならないけど、サーフィンをやる生活を手に入れたいわけじゃない？　生活の糧というところとはまったく切り離して、とんちんかんなりにやりたいことを思いついたわけでしょう。仕事以外の部分に生きがいを設定しようとしたのは、仕事依存症ではないことの証明でもある。

田中　そうです、そうです。男性が趣味という話をするときに、それがどう仕事に生きるかという話になりがちなんです。そこから切り離したところで趣味がある、というのはとても大切なことです。仕事とは別の軸が出てきますし、自分の価値の幅が広がると思います。儲けることにつながらない趣味や、仕事とまったく無関係な趣味を持つことというのは、そこに仲間ができますから居場所の問題もクリアできる。

小島　つまり自分がいままでの居場所であった仕事を失ったときにできる、何かすごくスースーした部分を、お金は生まないけれど楽しいもので埋めようとすることですね。

田中　趣味だったら、若い人のほうが上手だったり、知識があったりというケースが少なくありません。会社内の序列とは違った価値観を発見できます。それはすごくいいなと、僕は思います。小島さんは、ぜひすがすがしくやらせてあげればいいんじゃないかと思います。

小島　五十で始めるなんてアホか、遊びに来たんじゃねえぞと私は怒っているわけですが、やっぱり仕事がないと生きている気がしないと、仕事を辞めて三年で言い出すよりはいいわけですね。

田中　いいと思いますし、全然違うことをやってみようとする力があるのはすごくいいのじゃないかと思いますね。

小島　むううう、じゃあ、褒めてあげなくてはいけませんね。

田中　ぜひぜひ、素晴らしいと思います。

「ロナウドにはなれない」と知る

小島　男の人には妙な全能感がありませんか。「全能であると自分に期待しないといけない」というような。あれは何でしょう、親にそう言われるのですか。

田中　それはたしかにあるかなと思います。小さいころから「大きな夢を語りなさい」などと言われていると、全能感で自分を膨らませておかないと自分が保てないようにされてしまっているのではないかと思います。

小島　私の次男は、オーストラリアの地元チームでサッカーをやっているんです。ある日、プロ選手が出前授業という感じでコーチに来てくれたんです。その選手が開口一番、子どもたちの前で、まず言ったんです。

「君たちの中でプロになれるのは百人に一人くらい、そしてプロになって成功するのは千人に一人くらいだろう。みんなの好きなロナウドみたいになれるのは、さらにその千分の一か、それ以下だ。だからここにいるみんなのうち、ほとんどの人は要するにサッカーで食えるようにはなれない」

そのうえで、「だったら、君はサッカーをやらないの？ それでもやるんだとしたら、なぜサッカーをやるの？」と聞いたんです。ある子は「走るのが好きだから」、ある子は「サッカーが楽しいから」と答えていったんです。ある子は「ものを蹴るのが好きだから」と言って、みんな大爆笑しました。

ひととおり聞くと、その選手がまた話しました。

「そうだろう、みんなそれぞれに理由があるだろう。それでいいんだよ。サッカーというのは、プロになったり、スターになるためにするんじゃなくて、人生を楽しくしたり人生を豊かにするためにあるんだ。だからどんどん試合をやろう。試合をして、リスクをとって、いろいろなことにチャレンジして、『僕にとってサッカーは何なのか』と考える機会を得てください」
　こういう話を小学生相手にしてくれたんです。私は、なんて親切なんだろうと思いました。そこで「みんなも頑張れば、ロナウドになれるよ」と言うのではなくて、「なれないよ。でも、なれないならやらないの？」と問いかける。非常にいい問いですよね。自分はロナウドと同じ才能は持っていない、たぶん地元の選抜チームに入る才能もないということを知ったうえで、「でも僕にはやりたい理由があって、それが満たされているなら幸せだ」と思える。子どもであっても、子どもだからこそ道筋をつけてあげるのは非常に親切ですし、人を自由にする発想だなあと思ったんです。
田中　本当ですね。答えを押しつけていない。
小島　子どもには無限の可能性を語ってやるべきとか、子どもの可能性を信じて期待してあげるべきと言う人もいますが、はたしてそれが本当に人を自由にするのか。田中さんもいまおっしゃったように、人と競って比べていたら、苦しい思いをするだけかもしれません。どこかで折り合いをつけて、抜け出ないと……。
田中　その理由を子どもに答えさせるというのは、すごくいいなと思いました。

小島　いいですよね。サッカーで食えるようになんてならないかもしれないのに、それでもやるのはなぜか、という問いはすごくいいです。ほとんどの人がそうじゃないですか。満員電車に乗っている人のうち、大企業の社長になれる人なんて、一本の電車に一人か二人、滅多にいないわけです。社長どころかなりたいところまで出世できる人だってほとんどいないでしょうし、ほとんどはみんな人に知られず、終わっていくわけです。

だったらなぜ何のために、この満員電車に乗っているのか——。いままでは家族のためと思っていたのでしょうけれど、先ほどおっしゃったみたいに「自分の力を十分発揮して、満足できたのだからいい」と思えるならばいいのかもしれないですね。

田中　とてもいいメッセージではないかという気がします。

小島　とはいえ、隣にいる奴は大企業の役員、自分は中小企業の部長どまりという悔しさ、劣等感、みじめさみたいなものはどうすればいいのか。

田中　どうすればいいんでしょうね。僕もそれは本当に思うんですよね。いまの話で言うと、九九％は競争に負けてしまうわけです。

小島　そうですよね。競争するということは、ほぼ負けるということです。

田中　そう思います。負けたときどうするかというのは、すごく難しいと思いますね。でも思うのは、いま僕は小島さんとこうして話をしているのですが、男性同士でこういった場があるのかということです。いままでプレッシャーをかけられてきてしんどい、自分はこの程度じゃないと本当は思っていて悔しい、などという気持ちを吐露したり共有する場があるのか。

　おそらくないだろうと思うのですが、その「場がない」ことがすごく問題なのではないかと思います。前に「俺と仕事」といいますか、男の人もどうして働くかをもう少し考えてみたらいいのではないかという話をしましたが、「どう生きていくのか」という、もう少し広い部分についても保留にしてしまっている気がします。

比較地獄から逃げてみる

小島　男性の場合も育休を取ったほうがいいのではないか、いろいろな生き方、働き方があっていいのではないかと話してきました。それは仕事がしんどいからだけではなく、競争で負けた自分をどうするかという落としどころの話でもあると思うんです。

永遠に競争し続けるとき、「評価軸を複雑化させて若干勝ち負けがつきにくくしたい」ということはありではないかと思うんです。掛け算にしようということです。「仕事の俺と家庭の俺、両方ありだよね」という掛け算にしたら結果がばらけるじゃないですか?

そうすれば単純な比較になりにくいし、複眼《ふくがん》的に自分を見ることができるので、ある種、巧妙《こうみよう》な逃げと言えば逃げなのかもしれません。競争からの逃げというか、比較地獄からの逃げ、そういう気がします。

先ほどおっしゃったように、競争したらほとんどの人は負けるわけですよね。私も競争が大嫌いなので、誰も目指していないところ、誰もやりたがっていないところを目指してきました。労働組合やラジオ、おもしろ中継、ライバルと目されるような人種があまり行きたがらないところに行ったら、たまたま楽しかった。敵がいなかったから独り勝ちになってしまった。独り勝ちになったら、目立ってしまったみたいな感じです。男の人もそういう戦略にある種気がつき始めて、「逃げの一手としての新しい男性観」みたいなものを目指すこともありなのかな、とお話をうかがっていて思いました。

田中　さしあたって、それしかないかなという気はします。とにかく仕事という軸しかないので、いったんほどく。そのあと掛け算で比較もあるかもしれませんが、フィールドをいったん広げてあげるということがまず必要だという気がしますね。

小島　フィールドを広げる。

田中　はい。家庭というフィールドもあるよ、地域というフィールドもあるよということです。ほとんどの人は仕事しか見えていない状況だと思うので、そういう領域もあるよということですよね。

小島　そういえば、保育園の送り迎えをするお父さん同士は話をしますよね。私の夫などは子どもが二人いるから、送り迎えで一〇年くらい保育園に通っていたんです。

そうすると同じように送り迎えに来る上の子の同級生のお父さんと友だちになり、いろんな話ができるようになったようです。仕事もまったく違う業界ですが、保育園の話とか、子どもの躾《しつけ》の話をずっとしているんです。それはいいなと思った。まず仕事場であまり出会う機会のない人で、仕事に関係ない話ができるということもいいですよね。仕事と関係ない男の人同士の交流の場があって、ある種、夫も支えられていたのです。

田中　保育園の送り迎えは、いろいろな背景のある人が来ていますものね。とてもいいと思います。そうじゃないと、男の人は仕事と関係のない話ができる人と知り合う機会がなかなかありません。世代も業種も違う人と交流する機会として、もっとパパ友づくりの効用に目を向けてもらいたいですね。

小島　わざわざ場をつくって、そこに週に一回出かけていくのは難しくても、保育園の送り迎えをやっていれば雑談の機会はたくさんあると思います。

田中　そうですね。子どもの送り迎えをしてみようという父親に対してのアドバイスは、すごくいいと思います。実際に経験してみなければ、自分にとってのメリット、会社の外の世界を広げるメリットが、男性はなかなかわかりにくい。男性は、趣味でも、それが仕事にどう生きるか、人脈が広がるかなど、常に仕事と紐をつけて考えてしまいがちです。そうではない世界、別の価値観に気づいてもらう実践として、いまの話はすごくいいいと思います。

ホームエコノミクスという学び

田中　たとえば女性の管理職を増やそうというとき、すぐ管理職を望まない女性がまだ多い、女性自身に意欲がないというような話になってしまいますよね。けれど、そもそもそういうことを期待されて育っていない中で、急に言っても無理です。これまでそういうモデルがいなかったわけですから、当然支援が必要です。エンパワーメントしなければいけない。同じように、男性の家庭やそのほかの生活の場面への進出も本当はエンパワーメントが必要だと思うんです。

小島　エンパワーメント、モデルが必要だということですか？

田中　モデルも必要ですし、支援プロジェクトのようなものもあったほうがいいです。たとえば文部科学省が理系の女子を増やそうとして、「リケジョプロジェクト」というのをやる。理系学部を目指す女の子に「将来こんなふうになれるよ」とか、

「こういうことがおもしろいんだよ」という具体的なビジョンやおもしろさを見せるわけです。同じように、男の人に対して家庭のことを「こうすると楽しい」「こんなおもしろさがある」というような面を見せていく。

小島　いまのところないですよね。

田中　ええ、たぶん女の人を社会進出させることに価値があるとは思っていても、男の人を家庭に進出させることにはそんなに価値を見いだしていないからです。

小島　私の長男はいま中一ですが、学校の授業でいくつか選択授業があります。息子のお気に入りは「ホームエコノミクス」なんです。日本でいうと、技術家庭科でしょうか。木工でいろんな工具を使い、金属を使った家具作りで、溶接《ようせつ》を習ったりもする。今は、スコーンやパエリアなど、料理を作るのがすごく楽しいみたいです。「あれも作れるようになった、これも作れるようになった」と持って帰ってくるだけでなく、夫が風邪で寝込んだときには、夕食に四人分のオムライスを作ってくれました。すでに私よりも卵の焼き方がはるかにうまい。グラム単位で作り方を教える日本の家庭科と違って、先生の個性なのか、えらいざっくりしているからかえって、実践的なんです。家でもそうですよね、いちいち計らないで塩梅《あんばい》を覚えていきますもんね。

オーストラリアでは、古い家を安く買って、自力でリノベーションして転売するのが一般的。あちこちにでっかいホームセンターがあって、バス、トイレも自力でリノベするし、柱や屋根まで売っているんです（笑）。共働きが多く、料理をする男性もたくさんいる。ホームエコノミクスの授業はまさに、生活するうえで必要なだけでなく、お金を生み出すこともできる基本的な技術を習得できる場でもあるんですね。何かを作れるって、やりくりの知恵でもある。日本でも男子生徒が家庭科をやるようになりましたが、大事なことだと思います。

田中　それはとてもいいことですよね。

選ぶということ

田中　ずっと小島さんと話してきて、僕が発見したことは、やはり男は「選ばない」ということですね。

小島　選ばない？

田中　はい。選ばないというか、選べると思っていないです。まず就職がそうですよね。僕も大学を卒業して就職せず大学院へ進んだとはいえ、いずれは働くことになるだろうというのはわかっていた。三十歳くらいまでは逃げられるけれども、一生働かないとは思っていないんです。男性にとって働く理由は要らないじゃないですか。

小島　たしかに、要らないです。

田中　小島さんがおっしゃったように、その点、女性の場合は働き続けるなら、何かきらきらした理由が必要なんですよね。

小島　そうそう、自分を高める、みたいなものです。それも苦しいですが。

田中　でも男性には必要ないので、漠然と働き続けてしまう危険性があります。「何のために働いているんだろう」なんて、自分に問わない。理由を問わないようなことを四〇年やると思ったら、恐ろしいですよね。

小島　なるほど。

田中　意味も考えず、一日一〇時間、週五日、四〇年は働き続けろと男性は言われているわけです。やはり男性たちにもっと自分の人生を「選ぶ」ことを提案したいですね。小島さんはずっと選んでいるんですよね。一度買ったマンションを手放した、オーストラリアに移住した、ということもそうですし、小島さんの人生は本当に自分で「選んでいるな」という印象が強かった。多くの男性は会社という場に縛られ、固定観念に縛られているから、なかなか「選ぶ」という言葉の意味を理解できないと思います。

「他者と生きる」ということもあまり考えたことはないし、「あなたがいてくれれば、それでいい」というのが、たぶん男性はピンとこないと思います。つまり「年収が高い俺」であったり、「部長の俺」であったり、たぶんそういう条件付きの「俺」しかいないので、きついといえばきついですよね。

小島　親が「いい子なら、かわいがってあげる」という条件付けをすると、子どもはすごくいい子を演じると言います。よき組織人だから給料をやる、頼りになる夫だから愛される、とか、わりと限定的な条件の中でのみ存在が許されると思っているというのはあるかもしれませんね。でも「あなたがいてくれればいい」と言ってもらえたら……。

田中　そうしたら山は登り続けなくてもよくなります。かなり男性にとって大きな救いのはずです。競争しないで許されると男はたぶん思えないんですよね。たとえ負けたとしても、ファイティングポーズを取り続けていたら許されると信じているんです。

小島　呪いから解放される道筋が必要でしょうね。

田中　先ほど「ホームエコノミクス」の話題が出ましたが、日本の中学校・高校で家庭科が男女共修になったのは、九〇年代前半のことです。この世代がすでに三十代になり、家庭を持っているわけですが、従来とは違った家庭像を作っていくのではないかと期待しています。

「他者と生きる」ことを問い直す

小島　私は夫が無職になって本当に大変でした。いまもまだ解脱し切れていませんし、ときどき「こんな稼ぎの不安定な女をあてにして仕事を辞めやがって」と思ったり、何度もぶり返すのです。だから無一文の男を何をもって尊敬するのか、というテーマは続行中。童話を見ると、無一文の男に惹《ひ》かれたお姫様が出てきても、最終的に魔法が解けて無一文男とかカエルが、実は王子様だったりするでしょ。

田中　そうですよね。最近になってようやく、『塔の上のラプンツェル』や『アナと雪の女王』でディズニーも女性の自立をテーマにするようになってきました。

小島　あの二作は、母殺し→男からの自立というハッキリした流れで、古きプリンセス像をディズニー自らが否定するという意志を感じますね。加えて、今後は最終的に王子ではない男性がどう幸せになるか、その男性とどう幸せになるかと、男女それぞれに問わないといけないですね。王子様を探せ！　じゃなくて、カエルの幸せ探し。

田中　一般的には、条件付きの愛情とか条件付きの敬意しかないわけですよね。かくかくしかじかの会社で働くあなたであり、若くてきれいなあなたであり、そういう条件を外して無条件で敬意を払ってもらえたり、無条件で愛情をもらえたりするような関係がありえるか。ありえた場合、どのような満足を得られるかということですね。

小島　家庭を運営していくとなると、お金や子育てという、現実的な問題もありますしね。無条件で敬意を払いつつ、一緒にやりくりして、人を育てるって、結構ハードル高い。役割ではなくて、人となりの差異でお互いを見るしかなくなりますね。それは下手したら、役割で回していた頃よりも、逃げ場がなくなりますよ。

家族って、「他者と生きるということを考える場」とでも言ったらいいのでしょうか。「あなたは誰？　バラバラなあなたと私が一緒に平和に生きていくには、どうすればいい？」って知恵をしぼる。それは個人のパートナー選びでも、社会が多様な人々を包摂するうえでも、必要なメッセージですよね。

田中　そうですね。

小島　まだ、稼ぐ妻と主夫という組み合わせは少数派です。夫より稼ぐ女はかっこいい、夫を養う女はかっこいいというところまでは来ました。けれど、自分より稼ぎの少ない、あるいは稼ぎのない夫と生きていくということを、女性が普通の選択肢の一つとして受け入れるかどうか。

無職のハニーと結婚しても幸せになれると背中を押してくれるおとぎ話が、まだないんです。働く女と家政婦がわりの主夫、とか、格差婚という言い方でしか語られていない。そこは空白地帯だと思います。これから小説なり、ドラマなり、映画なり、その空白地帯を埋めるような物語が出てこないと、女の人の意識もなかなか変わらないと思います。

田中　それについて言えば、授業で草食男子などについて話すと、女子学生から「悪くはないと思うのですが、向上心がない男の人はいやです」という意見が出てくることがあります。そこでいう向上心というのは、ハウスハズバンドとして頑張るという向上心ではだめで、「会社の中でステップアップしていく俺」という向上心なんです。

小島　会社の肩書きだけが、ステップアップの証《あかし》と考える浅はかさ。

田中　本当ですね。

小島　その「向上心＝出世」っていうのは、昔ながらというか、なかなか強固ですね。そればかりを男性に求める女性も、いい加減目を覚ませ。

田中　まったくそのとおりですね。男女の問題は、男性だけが遅れているとか、意識を変える必要があるということではありません。女性も男性に男らしさを押しつけていないかを考えるべきです。さらに視点を広げると、現代の日本で、どのような男性像と女性像が「常識」とされているのかという論点に行き着きます。若者はそれを無意識のうちに刷り込まれているのではないでしょうか。

小島　ああ、もうそういうものだと思ってしまっているんですね、悪気なく。

田中　はい、悪気はないんです。若い世代でも男女問わず、「向上心＝出世」が「常識」になってしまっている。だから、個人レベルの問題ではなく、社会全体のあり方の問題として考えていく必要があります。

弱みを出せる場をつくる

小島　田中さんの市民講座のように、「子育てと仕事の両立って不安だよね」とか、奥さんには言えないようなことを、打ち明けられる場があったらいいですよね。

田中　そうですね。それをやるのが僕の役割だと思っています。

小島　そんなユートピアが本当にあるのかしら。

田中　これから子育てをする僕にとっては、意外と先輩はいるのかなという気はしています。

小島　それがマイノリティだとできますよね。「共闘」だから。働きながら子育てをしている女性もマイノリティのときは共闘できるけれども、ある程度のボリュームが出てくると、今度はだんだん差別化や競争になってしまう。むしろ自分の不安をうかつに言えなくなるというところがあるんです。だから、いまは本当にイクメン黎明《れいめい》期のユートピアなのかもしれませんね。

田中　それはおっしゃるとおりですね。定年退職者の地域活動などもまさにそのとおりで、最初は「仕事を辞めて不安だよね。やることないよね」と言って、みんなで仲良くできるんですよ。ところが、年を経るごとにその結びつきだけでは満足できなくなり、次第にお互いの違いがわかってしまって、喧嘩を始めたりします。小島さんがおっしゃったことはとても重要で、初期にしか通用しないのかもしれないですね。

小島　ですから、当面は「大変だよね、不安だよね」と乗り切れたとして、その先に何があるかですよね。

田中　その先に、対立や競争や派閥争いが待っていることになってしまう。

小島　イクメンが、そこに巻き込まれないために必要なものは何だろう？　女の人はその道をすでに通っているはずなんです。群れずに、はぐれ者として生きていくということかもしれません。いわゆる「ママ友ソサイエティ」や「子育てコミュニティ」の中で勝ち組になろう、正統派になろうとすることに疲れたら、「あ、いいです、アウトローで」というスタンスをとることかもしれません。私はそちらの道をとってしまったんです。すると、話せるのはやはりまた最後にパートナーに戻っていくのかな。

田中　そうですよね。たしかに。

小島　そうすると家族というのは、何のための場なんでしょう?

田中　家族は最終的に夫婦の問題になっていきます。子どもが巣立った後に、夫婦二人での生活があるからです。

小島　だからいま私の世代くらいから、もう少し子どもの大きい世代は、みんな同じように悩んでいるんです。「子どもの問題で話し合うことがなくなった、じゃあ、二人で話でも」と思ったら、なんと夫には愛人がいた、というような話をたくさん聞きます。その逆も。パートナーとするのは子どもが小さいころはほとんどが子育ての話です。二人だけの問題であれば「そこは見ないことにしよう」とできるけれど、子どもの問題だと看過《かんか》できないことがたくさんありますよね。

そうすると二人だけだったら見なくてよかった、相手との細かい価値観の違いまで見てしまうわけじゃないですか？　そんな地の果てを見てしまったところから、また二人きりで戻ってこられるのかと思うのです。もし受け入れ難い違いだったら、二人でいる意味があるのかどうか。そこがすごく難しい。

田中　難しいですよね。

小島　はい。そうなってしまうと、「子育てが終わったら一回家族を解散して組み直せばいいんだよ」という説を取りたくなる人がいるのもわからないでもない。

田中　不妊だったり、子どもを持たないと決めていたりとさまざまな理由で、ずっと夫婦だけで暮らしている方たちは二人でいる理由に向き合わざるを得ません。一緒にいる理由を考えなければならないのです。それは厳しいことかもしれませんが、夫婦の関係に真剣に向き合えるという意味ではいいことだとも言えます。

小島　二人でいる理由を考え続けるからでしょうか。

田中　そのとおりです。子どもが巣立った夫婦も同じです。努力しないと関係性を維持できないでしょう。二人でいる理由が問われます。

小島　そう。子育て中は、自分たち以外の一人の人間に責任を持たなければいけないわけですから、妥協ができませんよね。その責任を終えたとき、また「見たいところだけ見ればいいや」というふうに妥協できるか。どうなんでしょうね。よく定年した男性のことを「濡れ落ち葉」と言ったりしますよね。ずっと家庭を顧みてこなかった男性とは共通言語もなくなっているだろうし、お金も運んでこなくなる。そして子どもも巣立って行ったとき、単に話の通じない寂しがりが家にいるだけ。面倒くさくなるでしょうね。

共働き世代だと、育児にちゃんと携わって一緒にやってきた同志としてとらえられるのか、共に育児に当たってしまったからこそ見てしまう地獄もあるのか、ということですよね。

田中　明らかに恋愛的なものとは別ですよね。

小島　ですね。

田中　何になっていくんですかね。

パートナーでいる意味を考える

小島　夫婦は子どもがいなくなったとき、何になっていくんでしょう。同志なのか。

田中　同志だったら、暮らしていなくてもいいですよね。たまに週末に会って、「やあ」という関係でも同志ですよね。

小島　そうなると、「やはりセックスだ」というふうになっていくのか。うーん。まあでも最低限同志としてやっていくうえでは、子どもが巣立ってからも、女も男も仕事があるという状況だと、ある程度気もまぎれるので意外とうまくいくのかもしれませんね。

田中　すごく難しい問題だと思いますが、それでもなお一緒にいようと思う人は、自分にとって「特別な存在」だということです。子育ても終わり、何か共にやらなければいけない課題はないけれども、この人といたいと思える、その人は……。

小島　特別ですよね。しかも年収も肩書きもなくて。

田中　初めから特別だったわけではなく、関係性を積み重ねていく中で、自分にとって「特別な存在」になったんですよ。

小島　性的欲求も感じないわけですものね。若いときだったら「とりあえず生き物として好き」みたいなものもありましたが、もうそれもありません。究極の問いですよね。

「あなたは他者に何を求めるのか」という哲学的な問いが残される——それは何なのかしら。その人と一緒にいると、自分一人で眺めるよりも「世界がより、ましに見える」というところでしょうか。自分のたった二つの目ん玉と、たった一個の脳みそで眺めるよりも、傍《かたわ》らにその人がいることで、世界が少しでもましなところに見えるのだったら、私はその人と一緒にいたいと思う。そもそもが、それで夫と一緒にいることにしたんです。

田中　それは素敵な理由だと思います。一人で考えて向き合うには、世界は厳しすぎます。誰かが傍らにいてくれたら「ましに見える」、というのはとても素敵です。

小島　脳みそなんて小さいし、自分一人ではたいしたことは考えられません。そうするとグルグルしちゃうし、すぐ出口がなくなってしまうでしょう？

田中　広がりがない。

小島　そうなんです。もう一個、脳みそと目ん玉があると、「こっちから見るんですか」という気づきがある。「それはちょっと脳みそが違うので気がつきませんでした」なんて、逃げ道になったりすることがあるじゃないですか。誰かと一緒にいるとね。

田中　ありますね。視点を与えてくれるという意味では、僕にとっては学問も同じです。

小島　だから、「一緒にいるあなたの脳みそと目ん玉が私を自由にするの」、「一緒にいるあなたの脳みそと目ん玉が僕の不安を和《やわ》らげるの」、というパートナーになれるかどうかですよね。

田中　本当にそうですね。それだけのパートナーになるためには、やはりどれだけ衝突があり、困難があるにしても、自分たちの関係性について真剣に二人で語り合う必要があります。

小島　共通の至上命題を失ったのちにも、なお……。そのためには何が必要なんだろう。それはやはり借り物の言葉で世界を読むことに安住しないということでしょうね。自分なりにじたばたすること、つまりママから借りてきた言葉、会社から借りてきた言葉ではなくて、自分なりにじたばたして、自分なりに自分の無力さや孤独をちゃんと抱えてきた人であることでしょうね。

そういう人であれば、その人の語るその人の孤独というのは、「隣にもう一個孤独があるよ」と言うことによって、隣の人の孤独を和らげるというか、孤独と孤独はつながるということになりますよね。男も女も、借り物ではなく、実感から生まれ出た言葉を持つことが必要なのだろうと思うんです。生きてるって思いどおりにならないな、っていうやるせない実感。

フレームを壊したあとにつくり直す

田中　言葉を持つ、ということと僕はやはり誰が聞いてくれるのかということかと思います。

小島　誰が聞いてくれるのか。

田中　はい。「自分が持った不安がこれだ」とわかったのに、自分の中でグルグルしていたらよけいにおかしくなってしまうじゃないですか。見なかったことにしていた不安が出てきてしまったわけですから……。

小島　怖いですね。

田中　怖い。これは放りたいと思うんです。

小島　どこに放るか。それが田中さんの言うところの、雑談の場だったりするのでしょうか？

田中　雑談の場だと深刻すぎますよね。「実は俺の心の中を開いてみたら、こんなに不安があってさ。これを受け止めてくれない？」というのを雑談の場でするのは重すぎます。

小島　受け止めたら、付き合っちゃいそうですものね。

田中　好きになっちゃいますものね。だから、それをパートナーとやれたらいいのかなという気はします。

小島　そうですね。私はちょっと重くて、それをちゃんと受け止めていないのかもしれません。ヤバい。

田中　いや、ヤバくないですよ。正直、夫婦でも気づかなかったことにしたいという ことありますよね。掘ったら掘れそうだけれど見なかったことにして、「このまま過ぎていかないかな」とやっていることはいっぱいありますよね。

この問題は難しいですね。掘らないほうがうまくいっているのかもしれないし、掘ったら掘ったで、ひどいことになるかもしれない。

小島　私の場合は、夫に対して「ん？　ちょっと待ってよ。いまの、何かちょっと引っかかるな」となるんですよ。そして「これがこの人を不自由にしているんだ」と思ったときは、「いい加減自由になれよ」と言って、ものすごく食い下がって掘るんです。私は一五年それをやっている気がします。

ただ、当人がそれによって不自由になっている自覚がない場合は、非常にむなしいやりとりになるわけです。「なんで、そんなことで責めるの？」という感じになる。「いや、だって、それがあなたを縛っているじゃない。解きなよ」と言うのだけれども、本人は縛られた状態で安定しているので、単にいじめられているとしか受け止められなかったりする。

田中　みんな現状維持が好きですからね。逆に言えば、変化を恐れている。

小島　だから、一緒に子育てをするときがチャンスなのではないかと思うんです。男性が育児で戸惑って「これは言われていた男の生き方と違うんじゃないか」とか、「俺は男としてだめなんじゃないか」という不安を抱いたとき、パートナーが「それこそがあなたを不自由にしてきたものの正体なんだよ。それを壊せばもっと楽に育児ができるよ」と言うことはできますよね。

田中　そうですね。そこでハッと気がつくことができるかもしれない。

小島　絶対不変だと思っていた「あるべき男像」をパートナーが壊せば、彼は自由になり、楽になる可能性はあります。ただそれによって不安定にもなるでしょう。パートナーは壊したうえで、フレームが壊れた人の不安もちゃんと受け止めなければいけないんです。私はできていない。壊しただけで、受け止めていない。

田中　いますごく核心に迫った気がします。フレームを壊したからには、つくり直す必要がありますね。

小島　はい。壊すと、不安がシロアリみたいに出てくるので、シロアリ駆除まで責任を持ってやらねばならないんです。あるいはシロアリと共に生きていく、というような覚悟が、壊す側にあるのかということです。私はそれがまだ足りないのかな、と思ってしまいました。一方的に「これがこいつを不自由にしている」と思い、打ち壊したんですけれども放置しているんですよね。いま非常に反省しました。

田中　いや、そこまでやれる夫婦は相当いいですよね。普通は壊しもしないし、相手のフレームって見ないことにしている夫婦が大半だと思います。

当事者としていられる場をつくる

小島　いま社会で、男の人にはまっている枠とか型を壊そうとしているわけですよね。壊して、彼らを自由にすると、男性ありきの枠組みから弾かれて不自由になっていた私たち女性も自由になれると、考えているわけです。ただ、その「あるべき男」圧力がなくなったとき、シロアリのようにわいてくる男たちの不安をどのようにして受け止めるのか、あるいはどのようにそれと共存するのかということまでは、まだ世の中としても語っていません。

それは何なのだろうと考えると、一つには男性でも女性でも年収や肩書きではないところで評価する、という考え方なのではないかと思うのです。その考え方が広まると同時に、何らかの面で制度的にもそういう考え方がかたちになるということですよね。具体的にどんな制度がいいのかを、今まさに考えなきゃいけないんだと思います。

たとえば銀行が有名企業勤務じゃないとお金を貸さないというようなステイタス主義をやめる、父子家庭手当を出す、それから事実婚を認める、同性婚を認めるというような制度面にも関わってくるでしょう。つまりフレームが壊れたときに、自分がマイノリティの側に転がり落ちたと思わずに済むということが大事です。それを認めてくれている制度がある、その不安を受け止めてくれる何らかのセーフティネットがあると思えることが大事だと思うのです。あとは何だろう……。

田中　夫婦で抱えるには厳しすぎます。たしかに、社会の中で整備されていないとだめですね。たとえば、僕たちがこれまで話してきた仕事と家庭の両立をどうするかという問題は、そういうことを考えられる余裕があること自体が特権的だと批判されることがあります。日本の現状では、一生懸命に働いても生きていくだけで精一杯という人がたくさんいるわけです。

でも、それは国や企業が解決に向けて取り組まなければいけない課題です。格差や貧困については、個人レベルではなく、経済的に恵まれていようがいまいが、社会の問題として誰もが当事者として考えていく必要があります。

小島　「これが普通」を壊したときにわいてくる「ここはどこ」の不安をどうやって受け止めるか……一つには、たとえば文学とか音楽というものが果たす役割かもしれません。そしてもう一つ制度面で、「あなたはどんなあなたであっても認められている、人生は思いがけないことが起きても、やりようがある」と思えることが必要だと思うのですが、それを実感できるのは、やっぱりまずは働き方の多様化だとか、セーフティネットの充実ということですよね。

田中　そのとおりです。そして、やはり仕事というものは大きいと思います。人間は学校を卒業したあとは、収入がどうということとは別として働くことで社会とつながっているわけです。社会の中で役割が与えられていて、私はこの役割を果たしている、したがって社会の中で居場所があるという順番がいいかと思います。

小島　そうですね。あとは何でしょう。「何かの当事者」であると思えればいいんですよね。たとえば私の周囲でもシェアハウスに住んでいる人が増えてきましたが、共有部分をどう使うかとか、コーポラティブハウスなんかでも、住民はみんな、自分が住んでいる場所に直結する当事者であるわけじゃないですか。そういう暮らし方が増えていくこともきっかけなのかと思います。

つまり働く場所以外にも、当事者として居場所のある、自分でつくっていく生活が持てるかですよね。それが仕事をしている自分と同時進行で存在することが大事なのではないかという気はします。

田中　コーポラティブハウスは、自分たちで自分たちの居場所をつくっているということがすごく大事だと思います。要するに、居心地のいい場所は、自動的に与えられるものではないというのがポイントです。

小島　そうですよね。

田中　自分たちがこの空間の中でどう生きるかということを、手間暇かけてみんなで組み立てるという話だと思います。この場合、大切なのは、お金よりもいかに時間をかけるかということになります。

小島　やはり自分がどのように生きたいかを考える作業ですね。

学び直せる場としての大学

小島　肩書きも年収も失って、見えない人になってしまうのが一番怖いのでしょう。制度面でも、人とのつながりという面でも、他人からちゃんと見えている、透明な存在にされていないと思えればいいですね。

田中　でも現状は、多くの仕事中心の男性は、外したらおしまいですよね。

小島　それが現状ですね。

田中　友だちもいなければ、趣味もないので、本当に信じられない数のシロアリが出てきて、食い荒らされてしまうのではないかと。

小島　そうですね。まずは、病気になったり、家族の事情があったり、自分が歳を取ったりして、いままでとは違うかたちの働き方をしなくてはならなくなってもなんとか食べていけるという安心感を得ることが、大事ですよね。

それだけではなくて、「あなたにそこにいてほしい」と言ってくれるような何かがあってほしいということなのだと思います。家族以外だと、友だちや、ご近所や……それ以外に何かあるでしょうか。

田中　一つは大学など学びの場かもしれないですね。日本の大学というのは、ほぼ二十代前半までの若者しかいませんが、いったん社会に出て、学びたいことがあれば戻って、充電してまた戻っていくというかたちになればいいと思うんです。

小島　オーストラリアはそうです。

田中　それは一つの有力な選択肢かなという気がします。職業を持ってからも生涯にわたって学び続ける、いわゆるリカレント教育ですね。

小島　また戻ってくる。

田中　前にも話しましたが、日本は中高年の学生さんがいると目立ってしまうんです。そうではなく、普通に中年以上の大人が戻ってこられるようにすればいいんです。会社以外に戻れる場所があるというのはとてもいいですよね。

小島　それはいい。私だったら勉強したいな。

田中　勉強したいですよね。大学生は、受けている授業の価値が正直あまりわかっていない場合もあるので、楽に単位を取ろう、取って卒業できればいいという人が残念ながら少なくありません。

小島　そう、いまのほうが勉強したいことがたくさんあります。でも行けないですものね。時間もないですし。

田中　大学の有名な先生の講演をいまわざわざ聞きに行ったら、すごく高い金を取られてしまいます。

小島　そうなんです。結局、仕事で一生懸命探して資料を買ってみたら、これは私、大学の一般教養で使ってたわ、みたいなことはよくあります。それに私、代返で全部人に聞かせてしまったわ、もったいないとかね。本当に愚かな学生でした。

田中　それに応えられるような機能を、大学が担《にな》えたらいいですよね。

小島　いいですね。大学だって学生が減っているんだから、考えてほしいです。

田中　そうなんです。おっしゃるとおりなんです。

小島　経営上でもリカレントの学生を受け入れることで、成り立っていく。

田中　そのためには大学が、「わが大学でこういうことを学べば、社会の中でこういう居場所ができますよ」という機能を十分担えるかどうかですね。教育の社会的職業的意義みたいなものをきちんと確立しようということです。

小島　いま東京大学の本田由紀先生が提唱していらっしゃるような……。

田中　そうです。本田先生は『教育の職業的意義――若者、学校、社会をつなぐ』（筑摩書房）という本を出されていて、受けた教育と実際に就く職業がむすびつくような大学教育を提唱しています。

小島　象牙の塔に籠《こも》るのでもなく、アカデミズムを否定するのでもなく、連携しながらというのはいいですよね。たとえば、工業高校を出て町工場で働いていた人を大学が受け入れることで、大学にとっても価値がある流れをつくることが大事だ、と。私も本当にそう思います。それは学ぶ側だけじゃなくて大学側も、あるいは結果としてその人たちが戻っていく社会にとっても素晴らしいことですよね。

田中　大変残念ですが、本田先生の現実的な提案が受け入れられているとは言い難い状況があります。大学時代に自由な時間を与えてもらったからいまの自分があるという、美化された思い出で大学を語る人も少なくありません。明らかに現状を理解できていないんです。ただ、教育と職業の結びつきを考えることはもちろん重要ですが、大学が企業とは違う独立的な価値観を持っているということは、社会にとって意味のあることだというのは忘れてはいけません。職業訓練校みたいになってしまうと、外から企業社会を見つめる場所がなくなってしまうという怖さがある。

小島　たとえば、実益を追求するビジネスの世界に、理念や哲学が欠落したときに、不祥事が起きたりしますよね。両方必要なのは自明のことじゃないですか？　そこを分けようとか、一緒にできないと考えること自体が間違っていると思います。

田中　おっしゃるとおりです。

小島　旋盤工《せんばん》に哲学は要らないのか。そんなことはないですよね。

田中　絶対に必要ですよね。

小島　旋盤工から入って、旋盤の道で哲学にたどり着く人がいてもいい。いずれにしても、旋盤工と哲学はまったく両立するわけです。だったら、それを学びの場でやることに何の矛盾があるのかと思います。実学以外は不要、というのも間違っていると思います。本田先生は、教育の職業的意義の重要性を主張されていますが、分断されているものをどのように有意義に関係づけるかという問いはとても大切ですよね。

田中　おっしゃるとおりですよね。いまは企業と協力して行なう授業はけっこう盛んなので、僕もそういう授業を受け持っています。大学に企業の方が来て、企業の方の前で学生が話す機会がかなりあるのです。職業と結びつくかどうかは別としても、大学が外部からの評価を気にするようになったのは、学生だけではなく、教員も試されますのでいい変化だと思います。

するとと学生たち自身も、自分がいま勉強していることの価値は大学の外ではどう評価されるのか、自分は何を発信できるだろうということが考えられるようになってきています。これからの大学教育は、そういった方向に進んで行くと思いますし、また会社員として働いた経験のある方たちが大学に戻りやすくなるというのも、今後の大学の方向性としては目指すべきですよね。

小島　戻れるというのは本当にいいですよ。行きたいです。

田中　図書館だって、もう信じられないくらい、すごい資料がある。

小島　いま思えば夢のようです。学生証一枚で借りられてね。

田中　もう絶版になってしまった古典や名著も大学にはありますからね。

小島　しかも自分が一生懸命書いた文章を、先生が読んでくれて、評価もしてもらえるなんて、本当に夢のようですよ。たとえばですが、仕事でも家族でもない社会との接点として、そういうふうに戻れる場所、受け入れてもらえる場所が増えればいいわけですよね。

田中　いま話したような学び直したい大人のニーズに応えたのが、池上彰《いけがみあきら》さんなのだと思います。

小島　いままではカルチャースクールしかなかったわけですね。

田中　大学はもっと本質的な学問の話が聞ける場所です。本もいいですけれども、やはり生の講義はいいですよ。そういう形式でしか伝わらないものが必ずあります。

小島　大学の果たす役割は大きいですね。

田中　大きいと思いますね。オーストラリアもそうですが、海外ではそういう事例がいくらでもあります。ただ、ネックは学費かなと思います。しかも現状では育児休暇も取れないくらいですから、学業で休業しますなんて言ったら、たぶん戻る場所もないでしょうね。

不自由から解き放たれるとき

田中　自分の人生は、自分のものなのだから自由に生きていいんです。自分の命があって、自分はここに生まれてきたわけですから、本来、自分の自由にしていいはずなのに、「世間ではこうだ。こんなことをしたら人が心配してしまう。こんなことをしたら人に迷惑かけてしまう」などと言っているうちに、すごく窮屈になっていると思います。

だから僕は、その自由な場所に立ち返ってもいいのかなという気がしています。人間だけが生き方を選べるし、変えていけるわけじゃないですか。ほかの生き物は遺伝的に刻まれたパターンで基本的には行動しています。人間だけが言葉を持ったことで、自分で考えて自分の行動を決めることができる。その意味で言うと、小島さんの話の中でずっと言っていた人間の持つ独特の力というのは、言葉と物語ということなのかなと思います。

われわれは言葉を持っているから、伝えられるし、人の話を聞くこともできる。それだけではなくて、この世界をどう読むか、つまり自分なりにこの世界を意味づけられるわけです。自分で自分の物語を紡ぎ出せる能力が本当はあるのに、現状の男性は、「こういう物語を君は生きるんだよ」と与えられ、そこから逃れる術を持っていない。借り物の物語から解き放たれて、自分の言葉で紡げる、自分の物語をつくれるかが重要です。

それは不安なことでもありますが、仕事中心の生き方を強《し》いられることに、不自由を感じる男性はいるわけですから、男性同士のつながりを持って自分たちの苦しさを率直に語り出すことがまず大事なのではないでしょうか。あるいは信頼できるパートナーがいらっしゃる方でしたら、その人に投げかけてみるということでもいいでしょう。

日本では男性の「生きづらさ」についての議論は、まだ始まったばかりです。大切なことは、男性の生き方は変えられるということです。それは自分の言葉で自分の物語を紡ぐことで可能になります。

小島　なるほど、そうですね。あとは自分が望むと望まざるとにかかわらず、人は常に何かの当事者なんだということですね。そのときによって変わっていきますが、必ず何かの当事者のはずなのですから、いま自分は何の当事者なのかと考える習慣をつけるだけでも、非常に興味深いと思います。「俺はいま何の当事者なのか」という問いを持つことから始まるのかなということが一つです。

それから、「どっこい人生は続いている」と言いたいです。脳みそが「世界は変わった」と思っても、体は生きている。東日本大震災が起きたとき、昨日までの安全な世界が潰《つい》えたと思いました。世界は変わったと思いました。でも昨日と同じように、みんなお腹が空いて、排泄《はいせつ》したでしょう。体ってそういう有無を言わさぬところがあるんです。

だから、たとえば誰も知り合いがいないとか、言葉の通じない場所など、いつもと違う世界に体を持っていってみるといいと思うんです。まるで自分が消えちゃったみたいに思えても、どっこい体は生きているんです。すると、慣れ親しんだ世界が終わっても、呼吸をして、人生が続いていくということに気づきます。体さえあれば、そこが自分の世界になるわけです。住めば都《みやこ》的にね。だから少し休みを取って、たとえば外国に、英語ができる人だったら英語の通じない国に行ってみるといいと思う。一切話が通じなくて、居場所なんてないはずなのに生きている、この本体は何なのか。そういう体験をして、体感するところから始めてみるのもいいのではないかと思います。南半球、いいですよ（笑）。

田中　最高ですね。南半球にいますぐ行けなくても、震災で「世界が変わったと思う体験」というのは日本で暮らすみんなが共有している記憶です。世界が変わってしまった、と思った。昨日までと違う今日が来てしまったと思ったけれども、たしかにおっしゃるとおり生きていましたし、お腹も空けば、トイレも行っていました。

小島　「ではなぜだろう」と考えると思うんです。こんなに変わってしまったはずの世界なのに、結局、自分の肉体はいつものようにあって、何よりも強いのは日常だったということに気がつきます。それを当たり前だと思うと、「じゃあ原発もまた動かそうぜ」ってことにもなっていく。だから「三・一一前と三・一一後が別世界のように見えるのはなぜか」ということを考えなければいけないんです。

「安全な世界」はフィクションだったと気づいてしまった。「もう永久に安全な世界には戻れない」ではなく「もう永久にあの居心地のいい物語の世界には戻れない」ということに恐怖を感じたんですね。物語が消えた途端、世界は危険だらけに見えた。前から今と同じように、安全じゃなかったのに。地震の危険も、原発事故の危険もずっとそこにあったのに。

田中　あったわけですよね。

小島　それは、体が教えてくれたんです。どうしてこんな大変なことが起きているのに私、昨日の残りのツナ缶なんか食べてるんだろう、という奇妙な感覚ですね。体は「前と同じようにお腹が空くんだから、世界は変わっていない」と言いたがり、脳みそは「いやいや、もうあの世界には戻れないのだ」と考えて、引き裂かれるんです。

それを「私の脳みそはもう、前と同じようには生きられない。だけど、世界はいつもそこにある。どっこい人生は続いている」と言えるようになれば、変わってしまった「変わらない世界」の当事者として、しぶとく生きていける気がするんです。視点を変えて、古いフィクションを捨てて。それは自分の生き方でも、社会の選択でも、同じことだと思うんですよね。

おわりに

田中俊之

どこにも行かないし、降りることも乗りかえることもできない。誰をも抜かないし、誰にも抜かれない。しかしそれでも我々はそんな回転木馬の上で仮想の敵に向けて熾烈なデッド・ヒートをくりひろげているように見える。

村上春樹《むらかみはるき》『回転木馬のデッド・ヒート』

初めて『回転木馬のデッド・ヒート』を読んだのは、自分が男性学の研究者になるとは想像もつかなかった大学生のころでした。正直に言えば、そのときはさほど印象に残らず、意味もよく理解できていなかったのではないかと思います。中年になると、老いへの焦りと若さへの憧れを抱きがちですが、実際には、歳を重ねたからこそわかるようになることはたくさんあるわけです。

大学院に進学して、男性学を専門に研究するようになって以降は、折に触れて読み返してきました。もちろん、村上春樹さんは性別を意識して書いていないはずです。しかし、これほど男性が強いられている競争の本質的な空虚さを的確に表現している文章はほかにありません。

大人になった男性が抱える漠然とした不安や焦燥感の裏には、「男であること」という原因が存在しています。性別に意識的に焦点を当てて現実を観察すると、男性は男性であるがために、少年時代から競い合うように求められてきたことがわかります。

誰もこの競争のゴールがどこで、勝者には何が与えられるのかを教えてはくれません。本当は、誰も答えを知らないからです。追い越し、追い越されとレースをしているつもりが、結局は、同じ場所をクルクルと回っているだけだとすれば、手ごたえがないのは当然です。いくら競争を続けても、「自分の人生」と言えるだけのものは見つかりません。

男性たちが乗せられている回転木馬の正体は何か。そこから降りたり、乗りかえたりすることもできないのか。本書では、男性が男性だからこそ抱えてしまう悩みや葛藤について、小島慶子さんと二人で考えました。

小島さんの常識にとらわれない柔軟な発想、現実に切り込む鋭い視点、そして、何よりご自身の人生に真摯《しんし》に向き合ってきたからこそ紡がれる重みのある言葉、すべてが刺激的で、お話をさせていただくたびに新しい気づきがありました。とりわけ、両親との関係が男性の人生に与える影響は、僕を含めた多くの男性が見逃している論点だと思います。

男性の生き方を論じることは、僕にとって自分自身の生き方を問われることでもあります。さらに、男性と共に生きる小島さんにとっても、他人事ではありません。ですから、批評する立場から男性をめぐる議論を展開するのではなく、僕たちはあくまで当事者の一人として、時に困惑しながらも、なるべく丁寧に言葉を積み重ねていきました。

「自分のたった二つの目ん玉と、たった一個の脳みそ」で見える世界には限界があります。小島さんとの対話は、この事実をはっきりと自覚させてくれました。自分の不完全さを認めると、人の意見を受け入れる余裕が生まれます。その分だけ、視野は広がり、新しい世界を見せてくれた相手への尊敬の念が深まります。人々がお互いに十分な敬意を払えれば、この世界は誰にとっても生きやすいものになっていくはずです。

この本を読んだみなさんの目には、以前よりも世界が意味あるものとして映っているでしょうか。もし、自分の人生の価値を信じるきっかけとなったと思ってくださる読者の方がいるとすれば、望外の喜びです。

最後になりますが、このような貴重な機会を与えてくださった祥伝社の磯本美穂さんには心から感謝しています。磯本さんの手際の良さと細やかなお気づかいには、本当に助けられました。ありがとうございました。

切りとり線

★読者のみなさまにお願い

この本をお読みになって、どんな感想をお持ちでしょうか。祥伝社のホームページから書評をお送りいただけたら、ありがたく存じます。今後の企画の参考にさせていただきます。また、次ページの原稿用紙を切り取り、左記まで郵送していただいても結構です。

お寄せいただいた書評は、ご了解のうえ新聞・雑誌などを通じて紹介させていただくこともあります。採用の場合は、特製図書カードを差しあげます。

なお、ご記入いただいたお名前、ご住所、ご連絡先等は、書評紹介の事前了解、謝礼のお届け以外の目的で利用することはありません。また、それらの情報を6カ月を越えて保管することもありません。

〒101-8701（お手紙は郵便番号だけで届きます）
祥伝社新書編集部
電話03（3265）2310
祥伝社ホームページ　http://www.shodensha.co.jp/bookreview/

★本書の購入動機（新聞名か雑誌名、あるいは○をつけてください）

＿＿＿新聞の広告を見て	＿＿＿誌の広告を見て	＿＿＿新聞の書評を見て	＿＿＿誌の書評を見て	書店で見かけて	知人のすすめで

★100字書評……不自由な男たち——その生きづらさは、どこから来るのか

名前

住所

年齢

職業

小島慶子　こじま・けいこ

1972年生まれ。タレント、エッセイスト。1995年にTBSにアナウンサーとして入社。バラエティー、報道、ラジオなど多方面で活躍。2010年、退社。2014年より、家族と暮らすオーストラリアと仕事のある日本との往復の日々。主な著書に『解縛(げばく)』(新潮社)、『大黒柱マザー』(双葉社)他多数。

田中俊之　たなか・としゆき

1975年生まれ。武蔵大学社会学部助教。2008年博士(社会学)取得。武蔵大学・学習院大学・東京女子大学等非常勤講師を経て、2013年より現職。男性学の第一人者として、新聞、雑誌、ラジオ、ネットメディア等で活躍。主な著書に『男がつらいよ』(KADOKAWA)、『男が働かない、いいじゃないか!』(講談社+α新書)他多数。

不自由《ふじゆう》な男《おとこ》たち
——その生《い》きづらさは、どこから来《く》るのか

小島慶子《こじまけいこ》　田中俊之《たなかとしゆき》

2016年6月10日　初版第1刷発行

発行者……………………辻 浩明
発行所……………………祥伝社《しょうでんしゃ》
〒101-8701　東京都千代田区神田神保町3-3
電話　03(3265)2081(販売部)
電話　03(3265)2310(編集部)
電話　03(3265)3622(業務部)
ホームページ　http://www.shodensha.co.jp/

装丁者……………………盛川和洋
印刷所……………………堀内印刷
製本所……………………ナショナル製本

Printed in Japan　ISBN978-4-396-11467-1　C0236

〈祥伝社新書〉
語学の学習法

312
一生モノの英語勉強法
京大人気教授とカリスマ予備校教師が教える、必ず英語ができるようになる方法
「理系的」学習システムのすすめ
京都大学教授 鎌田浩毅
研伸館講師 吉田明宏

405
一生モノの英語練習帳
短期間で英語力を上げるための実践的アプローチとは？ 練習問題を通して解説
最大効率で成果が上がる
鎌田浩毅
吉田明宏

331
7カ国語をモノにした人の勉強法
言葉のしくみがわかれば、語学は上達する。語学学習のヒントが満載
慶應義塾大学講師 橋本陽介

426
使える語学力
古い学習法を否定。語学の達人が実践した学習法を初公開！
7カ国語をモノにした実践法
橋本陽介

383
名演説で学ぶ英語
リンカーン、サッチャー、ジョブズ……格調高い英語を取り入れよう
青山学院大学准教授 米山明日香

〈祥伝社新書〉
話題のベストセラー！

379
国家の盛衰
3000年の歴史に学ぶ
覇権国家の興隆と衰退から、国家が生き残るための教訓を導き出す！
上智大学名誉教授 **渡部昇一**
早稲田大学特任教授 **本村凌二**

371
空き家問題
1000万戸の衝撃
毎年20万戸ずつ増加し、二〇二〇年には1000万戸に達する！ 日本の未来は？
不動産コンサルタント **牧野知弘**

412
逆転のメソッド
箱根駅伝も
ビジネスも一緒です
箱根駅伝連覇！ ビジネスでの営業手法を応用したその指導法を紹介
青山学院大陸上競技部監督 **原 晋**

420
知性とは何か
日本を襲う「反知性主義」に対抗する知性を身につけよ。その実践的技法を解説
作家・元外務省主任分析官 **佐藤 優**

440
日韓 悲劇の深層
「史上最悪の関係」を、どう読み解くか
西尾幹二
呉 善花